JN124819

Business Framework

図解でわかる ビジネスフレームワーク いちばん最初に読む本

福島正人・岩崎彰吾

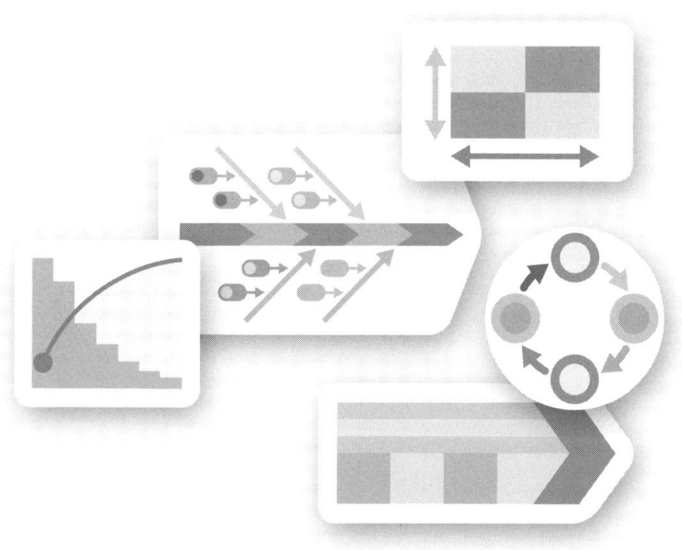

アニモ出版

はじめに

ビジネスのさまざまな場面で役立つのが「フレームワーク」です。問題を整理するとき、アイデアを生み出すとき、わかりやすく物事を伝えるときに、フレームワークは役立ちます。計画を立てるとき、話し合いをするとき、戦略を策定するときにもフレームワークは役立ちます。

本書では、各種フレームワークを70項目に分けて紹介しています。1項目を見開き2ページにまとめ、活用方法がイメージできるように図解を使って説明しています。本書を開けば、あなたの仕事に役立つフレームワークが見つかるでしょう。

フレームワークには、次のような特長があります。

●「自己流」ではなく「王道」

「自分だけが理解できる」といった自己流の考え方では、仕事はうまくいきません。フレームワークは、誰もが共通して理解できる王道の方法です。

●「バラバラな品質」ではなく「安定した品質」

品質が安定しないと、仕事を任せてもらえません。フレームワークを活用すれば、常に安定した品質で成果を出し続けることができます。

●「時間をかけて」ではなく「短時間で」

ビジネスの現場では、限られた時間で成果を出すことが求められます。フレームワークは枠組みを使って考えるので、より短時間で成果を出すことができます。

本書があなたの仕事の一助となれば幸いです。

2020年５月　　　　　　　　　　　福島正人・岩崎彰吾

◎フレームワークは、さまざまな場面で役に立つ！◎

フレームワーク

- 問題を整理するとき
- アイデアを創出するとき
- 物事を伝えるとき
- 計画を立てるとき
- 話し合いをするとき
- 戦略を策定するとき

会議がうまく進まないな…

アイデアを出すにはどうしたらいいの？

もっと説得力を高めたい！

今度のプレゼンどうしよう

問題にどうやって取り組めばいいの？

部下との接し方がわからない

マーケティングって難しい…

戦略ってどう考えたらいいんだろう

さぁ、さっそくページをめくってヒントを見つけましょう！

図解でわかるビジネスフレームワーク　いちばん最初に読む本

もくじ

2章 組織・コミュニケーションで使えるフレームワーク

3章 アイデア創出・会議で使えるフレームワーク

4章 計画作成・目標達成で使えるフレームワーク

戦略策定で使える フレームワーク

マーケティングで使えるフレームワーク

カバーデザイン◎水野敬一
本文ＤＴＰ＆図版＆イラスト◎伊藤加寿美（一企画）

問題を整理するときに使えるフレームワーク

1 As is／To be
～問題を明確にする～

As is／To beとは

「As is／To be」は、問題を明確にするフレームワークです。**As is（現状）とTo be（あるべき姿）を整理し、そのギャップ（＝問題）を明らかにします**。売上の問題、不良品の問題、人材育成の問題等、さまざまな問題の明確化に役立ちます。

たとえば、あなたの部下に残業時間が多い人がいたとしましょう。「残業を少なくしなさい」と注意するだけでは、なかなか問題は解決できません。問題を定義し、具体的な対策を講じることが必要です。

調べてみると、先月の残業時間（As is）が45時間だったことがわかりました。今月の目標残業時間（To be）を30時間以内に設定し、ギャップ15時間（＝問題）を埋めるための対策を考えます。「ムダな仕事を洗い出し業務量を減らす」とか「ノー残業デーを設定する」など、ギャップの15時間を埋める対策を実施すれば、あるべき姿（To be）に近づくことができます。

新商品・新サービスの開発にも活用できる

As is／To beは、**新商品・新サービスの開発にも活用**できます。たとえば、携帯電話は「外でも通話できるようにしたい」（To be）をめざして、開発されました。その後「サイズを小さくしたい」「写真も撮れるようにしたい」「インターネットを使えるようにしたい」等のTo be（あるべき姿）をめざして、どんどん進化していきました。

ポイントは、「こんな商品があったらいいな」「こんなサービスをつくれないかな」というTo be（あるべき姿）を描くこと。現状に甘んじず、あるべき姿を描けば、新しい商品・サービスのヒントが見つかります。

◎「As is ／ To be」の考え方◎

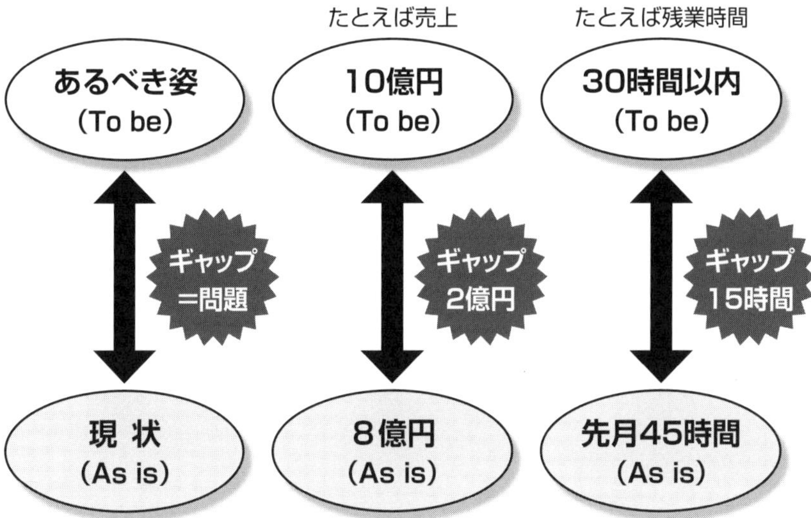

◎「As is ／ To be」は新商品・新サービスの開発にも使える◎

＜例：日本の携帯電話＞

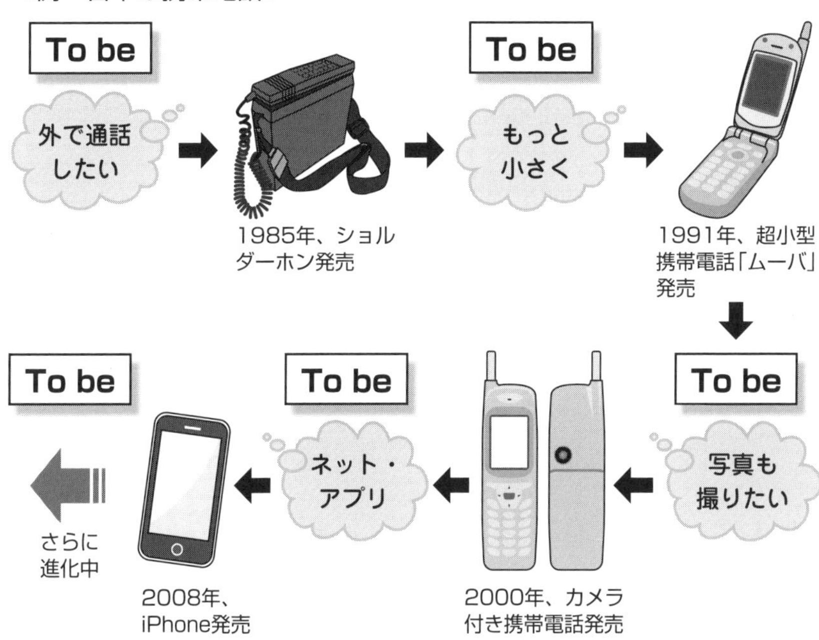

2 5W3H
～情報整理の基本フレーム～

5W3Hとは

これは、When（いつ）、Where（どこで）、Who（誰が）、What（何を）、Why（なぜ）、How（どのように）、How many（どのくらい）、How much（いくらくらい）の8つの切り口で整理するフレームワークです。

活用場面がとても広く、①情報を伝えるとき（指示を出す、報告する、発表する、メールする等）、②情報を受け取るとき（指示を受ける、話を聴く等）、③計画を立てるとき、④状況を把握するとき、⑤アイデアを発想するときにも使えます。

5W3Hの活用例

①情報を伝えるとき、②情報を受け取るときの５Ｗ３Ｈをイメージしてみましょう。

上司から「明日の午後、大事なお客様が来るので、手土産用の菓子折りを３つ買ってきてください」と指示を受けたとします。「What（手土産用の菓子折りを）」や「How many（３つ）」は入っていますが、この指示だけでは情報が足りません。「Where（どこで購入するか？）」「How much（いくらくらいの菓子折りか？）」など、不足する情報を上司に質問・確認することが必要です。

③計画を立てるときにも、５Ｗ３Ｈが活躍します。たとえば、会議でアクションプランを整理するときです。When（いつまでにやるのか？）、Where（どこでやるのか？）、Who（誰がやるのか？）、What（何をやるのか）、How（どのようにやるのか？）等を整理します。

５Ｗ３Ｈは、必ずしもすべての項目を埋める必要はありません。１つの項目に１つとは限らず、複数入ることもあります。その仕事を行なうのに必要な項目だけ、確認・整理しましょう。

◎5W3Hの活用イメージ◎

上司から「菓子折りを買ってきてください」と言われた場合

①	When（いつ）	明日の正午までに
②	Where（どこで）	駅前の○○デパートで
③	Who（誰が）	私が
④	What（何を）	菓子折りを
⑤	Why（なぜ）	お客様に手土産を渡すため
⑥	How（どのように）	贈答用で包んでもらって
⑦	How many（どのくらい）	３人分
⑧	How much（いくらくらい）	１人あたり3,000円程度

◎5W3Hは、さまざまな場面で活用できる◎

1. 情報を伝えるとき
2. 情報を受け取るとき
3. 計画を立てるとき
4. 状況を把握するとき
5. アイデアを発想するとき

3 QCD
～品質最優先とは限らない～

QCDとは

「ＱＣＤ」は、Quality（品質）、Cost（コスト）、Delivery（納期）の３つの頭文字をとった言葉です。ものづくりの分野で、特によく使われます。

ものづくりでは、高い品質のものを、安いコスト、短い納期でつくるのが理想です。でも、現実は甘くありません。品質が高いものをつくろうと思えば、時間がかかりコストも高くなります。

ＱＣＤのバランスをどのようにとるかが、ビジネスを成功させるためのカギになります。

お客様は何を期待しているか？

ＱＣＤのバランスを考えるうえで大切なのは、「お客様は何を期待しているか？」です。

「いくら高くてもかまわない。最高の品質のものをつくってくれ」というお客様もいれば、「最低限の品質でかまわないから、コストを下げてくれ」というお客様もいるでしょう。「納期が絶対で、納期に間に合わなければ意味がない」というお客様もいるかもしれません。お客様が何を期待しているかを理解し、お客様の期待に合わせてＱＣＤのバランスを考えれば、ビジネスの成功は見えてきます。

仕事の進め方でも使えるQCD

ＱＣＤは、仕事の進め方でも使われるフレームワークです。

たとえば若手社員の場合、高い品質のアウトプットを上司から求められることは少ないでしょう。むしろ、「少しくらい質が悪くてもいいから早めに提出してほしい」というのが、上司からの期待かもしれません。

上司が何を期待しているか？　を理解できれば、仕事の進め方の改善につながることでしょう。

◎ＱＣＤの３つの要素◎

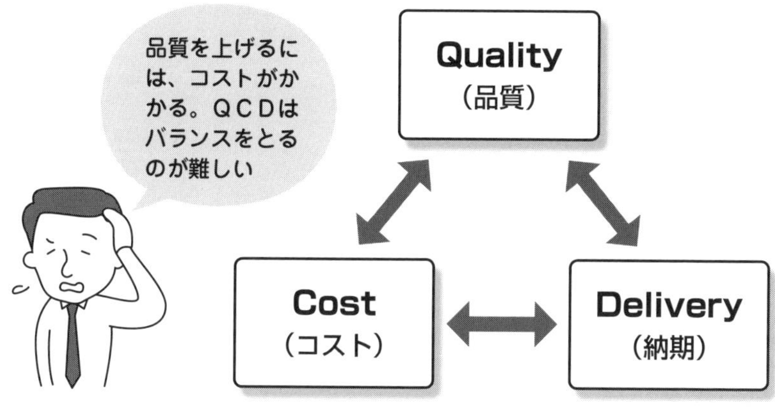

◎相手（お客様・上司）の期待値でＱＣＤのバランスは変わる◎

とにかくコストを下げてくれ

品質にこだわってくれ

お客様Ａ

お客様Ｂ

相手の期待値によって、ＱＣＤのバランスは変わるのね

重要度

品質　コスト　納期

お客様Ａ

品質　コスト　納期

お客様Ｂ

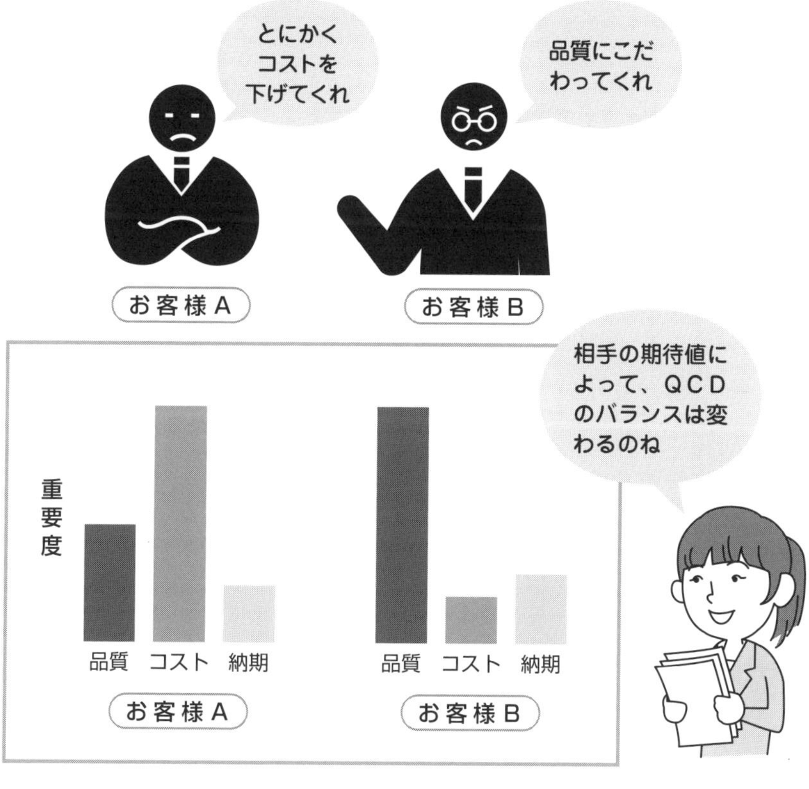

4

合理化の３Ｓ
～３つの切り口で業務を改善する～

「合理化の３Ｓ」とは

合理化の３Ｓは、合理化・業務改善に使われるフレームワークです。①**単純化**（Simplification）、②**標準化**（Standardization）、③**専門化**（Specialization）**の頭文字をとって**３Ｓと呼ばれ、製造業・飲食業・サービス業等、さまざまな業種で活用されています。

①単純化は、作業を簡単にすることです。取り扱う数を減らしたり、方法を簡単にしたりして改善を図ります。②標準化は、物や作業方法を統一・ルール化することです。帳票を統一したり、マニュアル化したりして改善を図ります。③専門化は、作業を専業化することです。同じ仕事をまとめたり、作業を分担したりして専門性を高め、効率化を図ります。

たとえば、飲食店でのＱＣＤ活用をイメージしてみましょう。多過ぎる料理メニューを絞る（単純化）、調理マニュアルを作成する（標準化）、厨房内の役割分担を明確にする（専門化）等で業務改善することが考えられます。

合理化の３Ｓの落とし穴

３Ｓを使った合理化は、「①単純化→②標準化→③専門化」の手順で進めます。まずは作業の単純化を考え、次に作業方法を統一してルール化する等の標準化を行ない、最後に該当作業を専門化することで効率を高めることはできないかを考えてみる、という流れです。

ただし、合理化を進めるあまり、本来自社の強みになっている業務を排除してしまう恐れがあることが注意点です。合理化により作業効率は向上するかもしれませんが、自社の差別化要因がなくなり、競合と同質化してしまう可能性があります。合理化の３Ｓを活用するときは、**「自社の強みを残す」ことも注意**しましょう。

◎合理化の３Ｓの要素◎

①単純化 (Simplification)	作業を簡単にする。簡略化する。取り扱う数や種類を減らす。
②標準化 (Standardization)	作業を統一して誰でもできるようにする。ルール化する。
③専門化 (Specialization)	作業を専業化して専門性を高めつつ効率を向上させる。

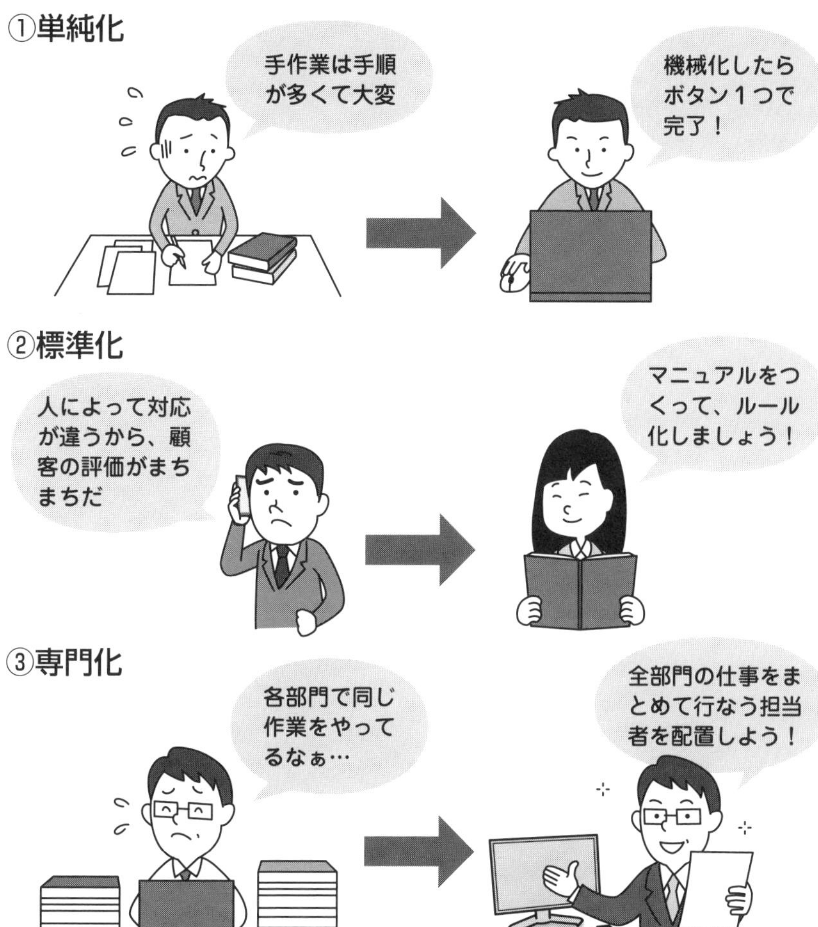

5

4M
～品質管理やカイゼンに役立つ～

4Mとは

「４Ｍ」は、生産に使われる４つの要素である**Man（人）、Machine（機械）、Material（材料）、Method（方法）の頭文字をとった言葉**で、品質管理やカイゼン（改善）の場面で使われます。

たとえば、工場で不良品が発生したとします。作業員（Man）に「次からは注意するように」と指導しても、同じような不良品がまた発生するかもしれません。機械（Machine）を変更したり、材料（Material）に問題がないか確認したり、製造方法（Method）を見直したりするほうが、より効果的な対策につながるかもしれません。

４Mのフレームワークを活用して、どこに原因があるのか、何を改善すればよいのかを多面的に検討します。

製造現場の課題解決に活用

ＱＣＤ（☞16ページ）の切り口で改善方法を検討するときにも、４Mは有効です。「高い品質の物をつくるためには？」「コストを削減するには？」「短納期を実現するためには？」など、製造現場には多くの課題があります。これらの課題解決のために、４Mのフレームワークを活用します。

たとえば「コストを削減したい」ときに、すぐに思いつくのは材料（Material）の変更です。同じような品質で、低コストの材料を探したりします。しかし、作業員（Man)、機械（Machine)、製造方法（Method）の見直しによっても、コスト削減が実現できる可能性があります。「機械を変更して、熟練作業員でない人でも製造可能にする」とか「製造方法を見直して、作業時間を短縮する」等の方向性も考えられます。

４Mのフレームワークを使えば、**より網羅的にカイゼンの方向性を導き出す**ことができます。

◎４Мの４つの要素◎

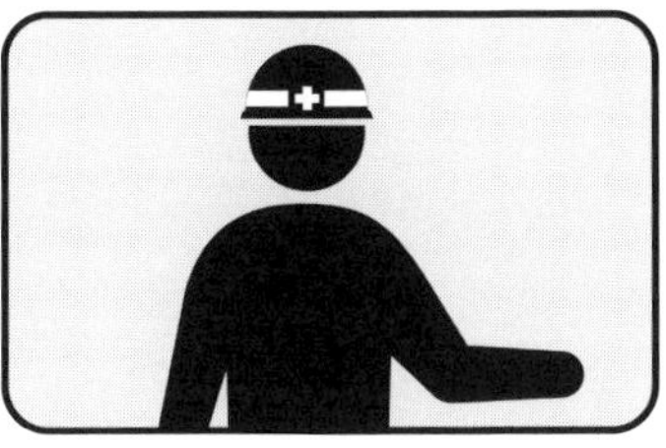

Man（人）

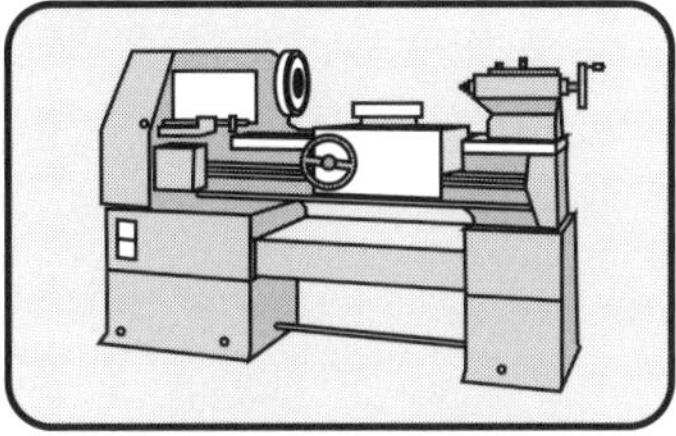

Machine（機械）

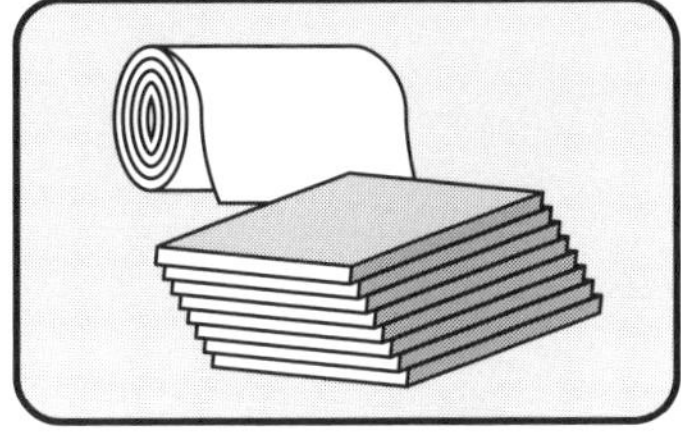

Material（材料）

Method（方法）

◎４Мの活用例…「コストを削減したい！」◎

【Man（人）】
- より少ない人数でできないか？
- パート社員を活用できないか？

【Machine（機械）】
- 新しい機械を入れたら？
- 機械の台数を増やしたら？

【Material（材料）】
- 材料を見直したら？
- 仕入れ先を変更したら？

【Method（方法）】
- 製造工程を減らせないか？
- 検査方法を自動化できないか？

6 組織の３要素
～人が集まっただけでは、組織とはいえない～

5Sとは

「５Ｓ」とは、①整理、②整頓（せいとん）、③清掃、④清潔、⑤躾（しつけ）のローマ字の頭文字をとった言葉です。

整理とは、「必要な物と不要な物に分け、不要な物は捨てる」ことです。必要以上に物があふれるような状態を防ぎます。

整頓とは、「決められた場所に、決められた物を置く」ことです。誰でもすぐに取り出せるように、正しい場所に物を配置します。

清掃とは、「掃除をして、ゴミや汚れがない、きれいな状態にする」ことです。新品の状態を保ち、ケガや設備故障を防ぎます。

清潔とは、「整理・整頓・清掃の３Ｓを維持する」ことです。物はもちろん、人や空気も清潔な状態に保ちます。

躾とは、「決められたルールを守り、習慣化する」ことです。１人ひとりが規律を守り、職場の秩序を保ちます。

単なる職場環境の美化ではない

５Ｓの効果は、職場環境の整備・美化だけではありません。整理が行なわれれば、たくさんの物にあふれていた状態が解消され、ムダなスペースを減らすことができます。整頓が行なわれれば、物を探す時間が削減できます。「ない」と勘違いして、余計な発注をすることもなくなります。

５Ｓが進み、職場環境が整備されてくると、働く人の気持ちも変化します。目に見える改善で自信がつき、モチベーションが上がります。

５Ｓの進んだ職場は、お客様にもよい印象を与えます。「きれいな職場だな」「この会社なら安心だ」と、ビジネスにもプラスの効果をもたらします。

◎５Ｓの５つの要素◎

①	整 理	必要な物と不要な物に分け、不要な物は捨てる
②	整 頓	決められた場所に、決められた物を置く
③	清 掃	掃除をして、ゴミや汚れがない、きれいな状態にする
④	清 潔	整理・整頓・清掃の３Ｓを維持する
⑤	躾	決められたルールを守り、習慣化する

整理（Seiri）
これは必要だな
整頓（Seiton）
すぐに取り出せる
清掃（Seisou）
きれいになった
清潔（Seiketsu）
ゴミが落ちている
躾（Shitsuke）
習慣化できてきたな

（※）習慣化するためのヒントを１章コラム（44ページ）に掲載しています。

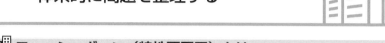

7 フィッシュボーン（特性要因図）
〜体系的に問題を整理する〜

フィッシュボーン（特性要因図）とは

「フィッシュボーン」は、**魚の骨の形をした整理法**です。「特性要因図」とも呼ばれます。「なぜ、その問題が起きたのか？」と原因を整理したり、対策を検討するときに使われます。

たとえば、工場で不良品が発生しているとしましょう。中心にある大きな骨を「製品Aで不良品発生」として、その原因を探ります。「作業員に問題がある」「製造機械に問題がある」「材料に問題がある」「製造方法に問題がある」のような原因が見つかるでしょう。

さらに、「作業員」「機械」「材料」「製造方法」の問題につながりそうな要因を整理していきます。大きな骨から小さな骨に細分化することで、より具体的な原因が見えてきます。

原因が見えてきたら、取り組むべき対策を検討します。この場合、すべての原因に対して網羅的に取り組むのではなく、重要な原因から対策を検討します。

そして、フィッシュボーンを見て話し合い、「作業員の教育回数を増やしてみよう」「製造方法のマニュアルを見直そう」等の対策を導き出していきます。

体系的に問題を俯瞰する

フィッシュボーンのよいところは、**体系的に問題を俯瞰できること**です。狭い視野で「作業員に問題がある」と決めつけたのでは、問題解決はうまくいきません。体系的に問題をとらえ、「製造方法に問題があるかもしれないな」「製造手順を改善してみよう」などと対策を考えていきます。

問題を具体化する方法には、「WHYツリー」もあります。詳しくは38ページを参照してください。

◎フィッシュボーンを活用する例◎

＜問題＞…不良品発生

太い骨から、細い
骨に落とし込んで
いくのね

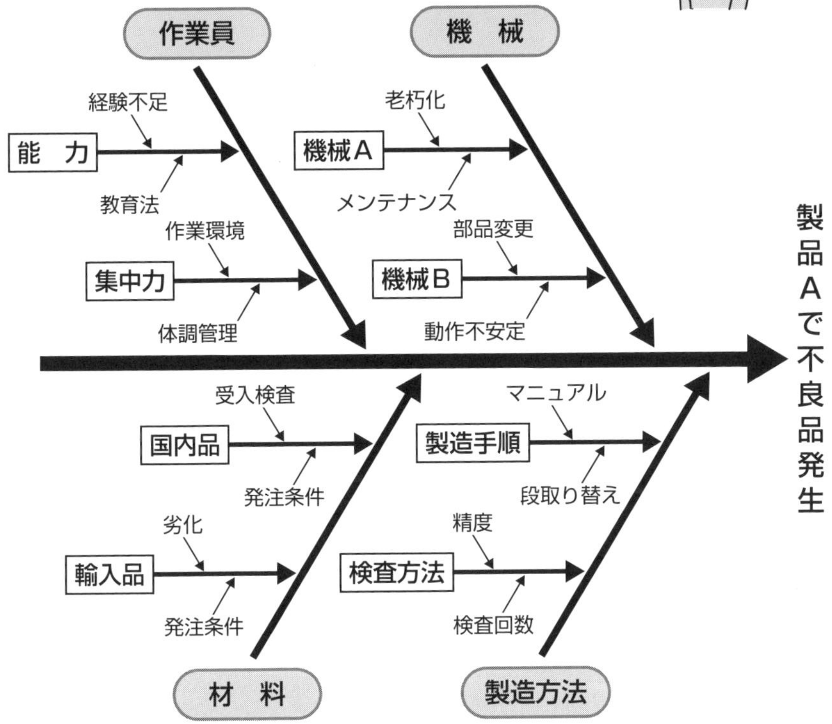

作業員
能　力
経験不足
教育法
集中力
作業環境
体調管理

機　械
機械A
老朽化
メンテナンス
機械B
部品変更
動作不安定

材　料
国内品
受入検査
発注条件
輸入品
劣化
発注条件

製造方法
製造手順
マニュアル
段取り替え
検査方法
精度
検査回数

製品Aで不良品発生

原因が見えてきたら、
取り組むべき対策を
考えましょう

8 ＥＣＲＳ（イクルス）
〜業務改善のフレームワーク〜

ＥＣＲＳとは

「ＥＣＲＳ」は、業務改善策を考える際に使える着眼点で、**「改善の４原則」**とも呼ばれます。**①排除（Eliminate）**、**②結合（Combine）**、**③並べ替え（Rearrange）**、**④簡素化（Simplify）の頭文字を取った言葉**です。

①排除は、対象となる業務を省略することです。

②結合は、複数の業務を集約すること、まとめて行なうことです。

③並べ替えは、業務の順番を入れ替えることです。

④簡素化は、業務を短縮・簡素化することです。

ＥＣＲＳによる業務改善例

受注業務の改善場面で考えてみましょう。お客様からの注文を営業担当者がメモし、営業事務部門で伝票入力しているとします。

この場合、営業事務部門で直接、お客様からの注文を受け付けるようにすれば、営業担当者の業務を「排除」することができます。

また、営業事務部門で電話受付と注文入力の業務を「結合」し、電話を受けながら注文入力をしてしまえば、メモの手間が省けます。

さらに、営業事務で送り状を印刷して倉庫に持参するという流れを「並べ替え」することも考えられます。

倉庫で送り状を印刷し、出荷した後で営業事務に報告するようにすれば、営業事務の業務が効率化します。出荷担当の業務は増えますが、受注業務全体としては業務の効率化やスピードアップが期待できます。

業務改善を行なう際は、「排除」「結合」「並べ替え」「簡素化」の４つの着眼点で検討し、より効果の高い方法を検討してみましょう。

◎ＥＣＲＳの４つの要素◎

①排除 （Eliminate）	対象となる業務をやめる、取り除く、省略することができないか考える
②結合 （Combine）	複数の業務をまとめる、統合する、集約することができないか考える
③並べ替え （Rearrange）	業務の順番を変える、取り替える、別のものと置き換えることができないか考える
④簡素化 （Simplify）	業務を簡素化する、短縮する、標準化することができないか考える

◎ＥＣＲＳの活用例…受注業務の改善◎

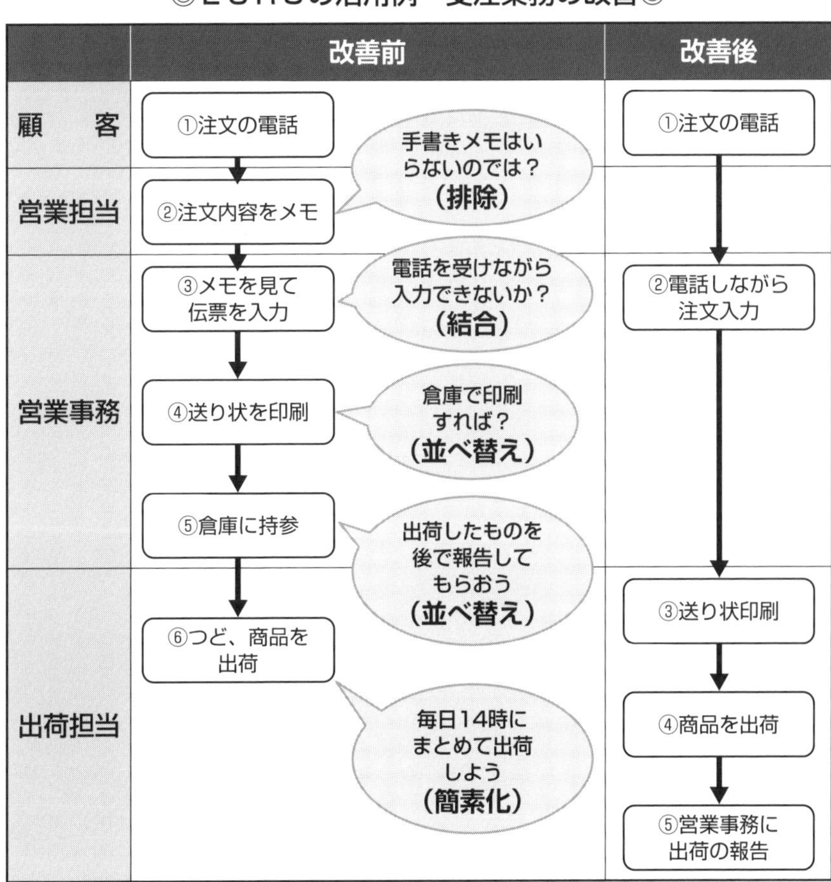

9 パレート分析
～重要度を把握する手法～

パレート分析とは

「パレート分析」は、**重要度を把握するための分析方法**です。重要度をAランク・Bランク・Cランク等と分けることから**ＡＢＣ分析**とも呼ばれます。販売促進・品質管理・在庫管理等、さまざまな分野で役立ちます。

パレート分析では、棒グラフと折れ線グラフを組み合わせた「パレート図」を使って、整理します。

たとえば、顧客別の売上高をパレート分析してみるとしましょう。棒グラフは、売上の高い顧客順に並べます。一番左に、売上が一番多いお客様がきて、右に行くにつれてグラフの棒が短くなっていきます。

折れ線グラフは、累積の売上高（全体を100％とした場合の割合）を表わします。右に行くにつれて100％に近づいていきます。すると「上位20％の顧客で、売上の８割を占めているな」「上位20％のお客様に営業を注力しよう」などの対策が見えてきます。

80対20の法則

パレート分析を活用するポイントは、**重要度の高いものに資源を投入すること**です。背景には、ヴィルフレド・パレート（イタリアの経済学者）が提唱した「80対20の法則」（パレートの法則）があります。

「利益の80％は20％のお客様から得ている」「利益の80％は20％の商品で生み出している」「仕事の成果の80％は投入時間の20％が生み出している」等が80対20の法則です。

わずか20％の要素が、結果の80％を左右することはよくあります。重点項目を絞り込み、そこに資源を投入すれば、より効率的に結果を出すことができるでしょう。

◎パレート分析の例①…顧客別売上高◎

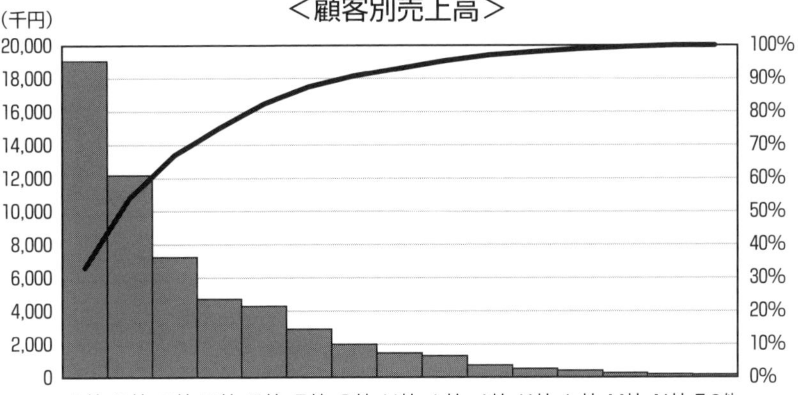

折れ線グラフは、累積比率を表わしているわ。A社・B社で売上の半分を占めているわね

A～E社の上位5社で、売上の8割を確保できるな。ここに営業マンを重点配置しよう

◎パレート分析の例②…不良原因◎

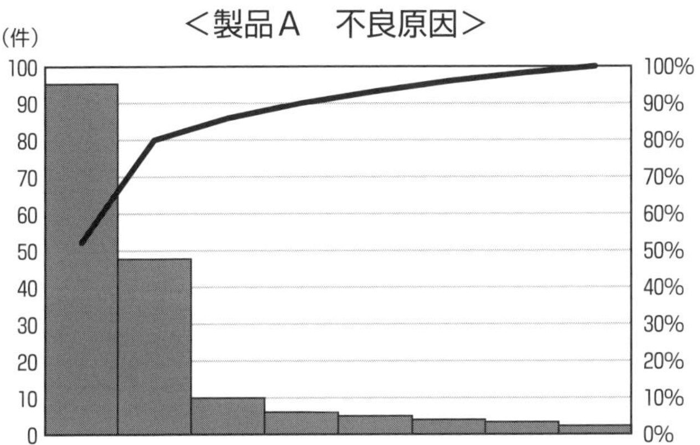

パレート図をつくると重点テーマが明確になるわ

「汚れ」と「キズ」で8割を占めているね

10 時間別マトリクス
～時間で区切って整理する～

時間別マトリクスとは

「時間別マトリクス」は、**時間という切り口を使って整理する手法**です。「短期・中期・長期」「月別」「曜日別」「午前・午後」等、時間を分けて整理します。

たとえば、ある飲食店が、平日の来店客数・売上を時間別マトリクスで整理したとしましょう。２時間単位で整理してみると、いろいろなことが見えてきます。

「15：00～16：59は来店客数が少ないな」とわかれば、「サービス券を配って、この時間の客数を増やそう」とか「ニーズが少なそうだから、従業員の休憩時間にしよう」という対策が考えられます。

「21：00以降は、客数が多い割に売上金額が少ないな」とわかれば、「追加オーダーの声掛けを増やそう」という対策が考えられます。時間別に整理すれば、それぞれの時間帯に合わせた対策の検討につながります。

事業計画やキャリアプランにも活用

時間別マトリクスは、事業計画でも使われます。「長期計画（５年超）」「中期計画（１年超５年以内）」「短期計画（１年以内）」のように、時間軸を区切って計画を作成します。それぞれの計画にはつながりがあり、「５年後の目標（中期計画）を実現するために、この１年間はこうする（短期計画）」という形で計画を作成します。

キャリアプランやライフプラン（人生計画）でも、時間別マトリクスは使われます。「30歳までにこうなりたい」「40歳までにはこうなりたい」「50歳までにはこうなりたい」と、時間軸を分けて目標を立てたりします。

「As is／To be」（☞12ページ）と合わせて整理するとよいでしょう。

◎時間別マトリクスの使用例①◎

＜平日の来店客数・売上（1日平均）＞

時間帯	来店客数	売　上
11：00〜12：59	45人	40,050円
13：00〜14：59	27人	25,110円
15：00〜16：59	12人	10,200円
17：00〜18：59	25人	26,250円
19：00〜20：59	41人	49,200円
21：00以降	38人	30,780円

21:00以降は、客数の割には、売上が少ないな

◎時間別マトリクスの使用例②◎

＜株式会社○○○の事業目標＞

	内　容
長期目標 (20××年まで)	●売　上　100億円達成！ ●店舗数　○○店　　●従業員数　○○○人
中期目標 (20×△年まで)	●売　上　35億円達成！ ●店舗数　○○店　　●従業員数　○○○人
短期目標 (20△△年まで)	●売　上　7億円達成！ ●店舗数　○○店　　●従業員数　○○○人

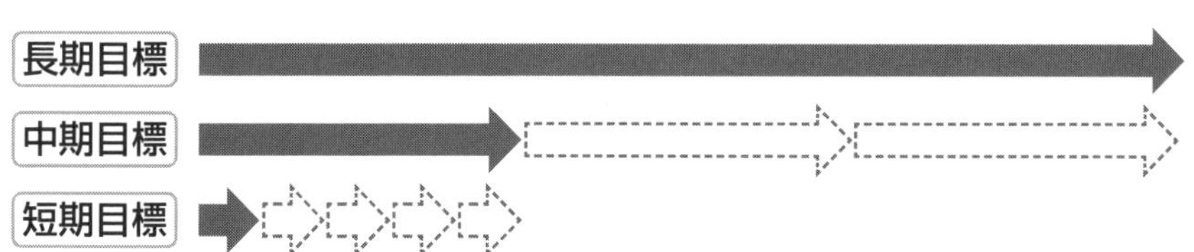

11 地域別マトリクス
～地域で区切って整理する～

地域別マトリクスとは

「地域別マトリクス」は、**地域という切り口を使って整理する手法**です。「国内・海外」「東日本・西日本」「国別」「都道府県別」「市町村別」「近隣地域・遠方地域」等、地域という切り口で整理します。

たとえば「外国人観光客の誘致」で考えてみましょう。誘致するために英語表記のパンフレット等を増やしたり、英語での接客を練習することもあるでしょう。でも外国人観光客は、いろいろな国・地域から来ています。

国別・地域別のマトリクスを見てみると、「中国や台湾が意外と多いな」「中国語表記も検討してみよう」等の対策が見えてきます。「外国」と大雑把にとらえずに、国や地域で分けて整理すると、より精度の高い対策につながるのです。

時間別マトリクス×地域別マトリクス

前項の**時間別マトリクスと地域別マトリクスを組み合わせる**場合もあります。たとえば、あるお店が顧客データを分析するとしましょう。先月１か月間に来店したお客様の数を集計してみると、前年の同じ月よりも増えていることがわかりました。ここまでは、前年と今年を比較する時間別マトリクスの考え方です。

しかし、市内在住・市外在住という地域別マトリクスの切り口を加えると、新たな事実が見えてきます。市内のお客様の数は増えていたのに、市外のお客様は減っていたのです。「ライバル店にお客様を取られているかもしれないな」「チラシを入れて、お客様を呼び戻そう」等といった対策を考えるわけです。

地域で分けてみたり、時間で分けてみたり、分け方を工夫してマトリクスをつくると、役立つ情報が得られるかもしれません。

◎地域別マトリクスの使用例①◎

＜国籍別訪問者数（東京都）＞
（○○年○月～×月／観光・レジャー目的）

	国・地域	訪問客数
1	中華人民共和国	743,783人
2	台湾	257,956人
3	アメリカ合衆国	200,800人
4	大韓民国	182,897人
5	香港	146,420人
6	タイ	132,526人
7	オーストラリア	97,789人
8	シンガポール	81,227人
9	インドネシア	69,229人
10	フィリピン	57,883人

どこの観光客が多いかわかれば、具体的な対策を取りやすいね

◎地域別マトリクスの使用例②◎

＜お店の顧客データ集計（○○年○月分）＞

地域	顧客数		1か月の来店回数		1回あたりの購入金額	
	昨年	今年	昨年	今年	昨年	今年
市内在住	680人	735人	7.4回	7.5回	841円	873円
市外在住	211人	185人	2.3回	2.1回	1,412円	1,398円
合 計	891人	920人	6.2回	6.4回	976円	979円

12 要素分解
～分解して具体化する思考法～

要素分解とは

「要素分解」は、**構成要素に分けて物事を考える思考法**です。分けることによって、より具体的な原因がわかったり、解決策が見えてきたりします。

たとえば「会社の売上を増やしたい！」と考えたとしましょう。売上を要素分解すると、「売上＝客数×客単価」という式が考えられます。この場合、売上を増やすためには、「客数を増やす」「客単価を上げる」の２つの方法があるわけです。

では、客数を増やすにはどうしたらよいでしょうか？　今度は客数を要素分解してみます。すると「客数＝新規客数＋既存客数」という式が考えられます。この場合、「客数を増やす」ためには、「新規客数を増やす」「既存客数を増やす」の２つの方法があります。

ここまでくれば、「新規客数を増やすために、チラシを配ろう」とか「既存客数を増やすために、顧客リストをもとにダイレクトメールを出そう」等の具体策が見えてきます。

さまざまな要素分解

売上の分解は、「客数×客単価」だけではありません。「販売個数×平均単価」「市場規模×市場シェア」「国内売上＋海外売上」「法人向け売上＋個人向け売上」「実店舗売上＋ネット販売売上」「Ａ事業部売上＋Ｂ事業部売上＋Ｃ事業部売上＋……」といったものもあります。

売上以外の要素分解には、「客数＝新規客数＋既存客数」「利益＝売上－費用」「費用＝固定費＋変動費」等があります。

要素分解するときは、**「ＭＥＣＥ」（モレなくダブリなく）の視点**も大切です。42ページでチェックしてみましょう。

◎要素分解を実施する例◎

「売上」を増やしたい！

「客数×客単価」で
考えてみよう

「客数」を増やすには
どうしたらいいだろう？

「新規客数＋既存客数」
で考えてみよう

＜売上の分解例＞

売 上 ＝ 客数 × 客単価
売 上 ＝ 販売個数 × 平均単価
売 上 ＝ 市場規模 × 市場シェア
売 上 ＝ 国内売上 ＋ 海外売上
売 上 ＝ 法人向け売上 ＋ 個人向け売上
売 上 ＝ 実店舗売上 ＋ ネット販売売上
売 上 ＝ A事業部売上 ＋ B事業部売上 ＋ C事業部売上 ＋ ……

＜その他の要素分解の例＞

客　　数 ＝ 新規客数 ＋ 既存客数
国内売上 ＝ 東日本売上 ＋ 西日本売上
利　　益 ＝ 売上 － 費用
費　　用 ＝ 固定費 ＋ 変動費

13 WHATツリー（ロジックツリー①）
～物事を分解して考える～

ロジックツリー、WHATツリーとは

物事を分解して、ツリー状に整理したものを「ロジックツリー」といいます。分解する方法により、WHATツリー、WHYツリー（☞38ページ）、HOWツリー（☞40ページ）に分かれます。

「WHATツリー」は、**「WHAT（何）？」で分解していくロジックツリー**です。分解すれば、物事をより具体化してとらえることができます。

たとえば、会社を分解して考えてみましょう。会社というテーマを設定し、ここを第1階層とします。会社とは何か？（WHAT ?）と考えると、経営者・従業員・株主という分け方が見つかります。これが第2階層です。

次に、経営者・従業員・株主をそれぞれ分解します。経営者とは何か？（WHAT ?）と考えると、代表権を持つ経営者（代表取締役）とそれ以外の経営者に分けられます。従業員を分解すると、正社員と非正社員（パート・アルバイト等）に分けられます。株主を分解すると、個人株主と法人株主に分けられます。

WHATツリーで見えてくるもの

WHATツリーをつくると、**物事がより具体的**になってきます。

たとえば、「当社で働く人の満足度を上げよう」というときに、正社員の満足度だけ上げても目的は達成できません。“当社で働く人”は何か？　をWHATツリーで分解します。当社で働く人には、正社員・派遣社員・パート社員・アルバイト等がいるなど、具体的にわかれば、より適切な対策を取ることができます。

より上手に分解するためには、**「MECE」（モレなくダブリなく）の視点**も大切です。42ページでチェックしてみましょう。

◎3種類のロジックツリー◎

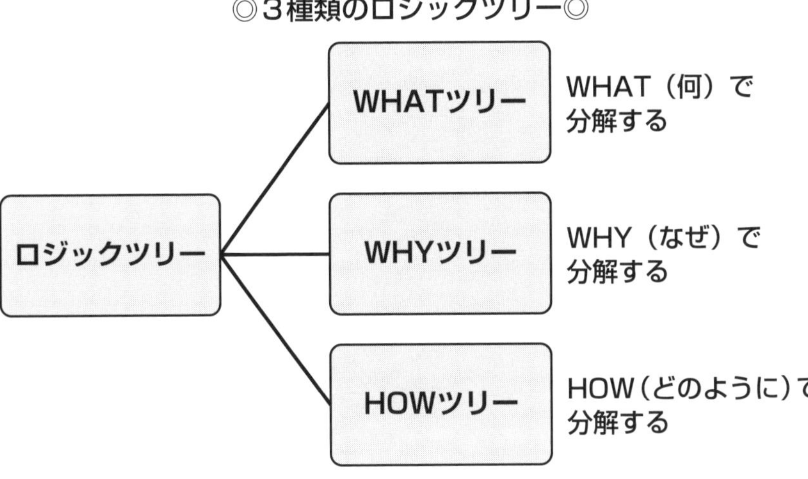

◎WHATツリーの使用例◎

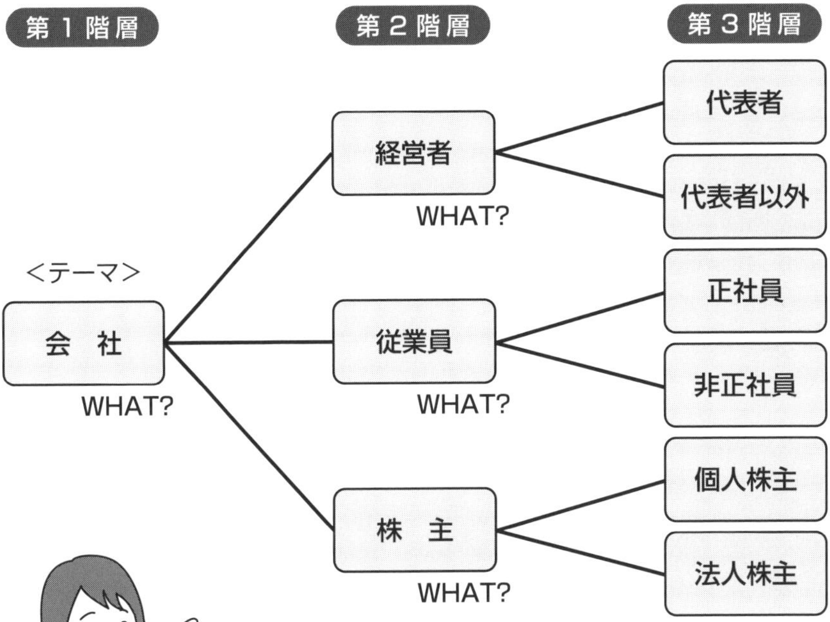

第１階層
第２階層
第３階層

<テーマ>
会　社
WHAT?

経営者
WHAT?
代表者
代表者以外

従業員
WHAT?
正社員
非正社員

株　主
WHAT?
個人株主
法人株主

会社って何？（WHAT？）
で分解していこう

14 WHYツリー（ロジックツリー②）
〜なぜを繰り返して原因を追究する〜

WHYツリーとは

「WHYツリー」とは、**「WHY（なぜ）？」で分解していくロジックツリー**です。分解することで、より具体的な原因を見つけることができます。

たとえば、「会議時間が長い」という問題があったとしましょう。

「会議時間が長い」というテーマを設定し、ここを第1階層とします。その原因を「WHY ？」で考えると、「会議前の原因」と「会議中の原因」に分けられます。ここが第2階層です。

次に、会議前の原因、会議中の原因をそれぞれ分解します。会議前の原因は何か？（WHY ？）と考えると、会議の主催者に原因がある場合と、参加者に原因がある場合に分けられます。

会議中の原因は何か？（WHY ？）と考えると、進行役に原因がある場合と、参加者に原因がある場合に分けられます。

WHYツリーで見えてくるもの

さらに分解を進めると、**より具体的な原因**が見えてきます。

会議前の原因では、「主催者が会議の目的を明確にしていない」「参加者が事前に配布資料を読んでいない」等の原因が出てきます。

会議中の原因では、「ムダな説明時間が多い」「進行を妨げる人がいる」等の原因が出てきます。

具体的な原因まで落とし込めば、取るべき対策も見えてきます。早めの資料配布で参加者に事前に準備をしてもらったり、進行の妨げがないように会議の進行方法を参加者と共有したりするとよいでしょう。

◎WHYツリーの使用例◎

最初に分解する
テーマを決めよう

分解すれば、より具体的な原因が出てくる

第1階層　第2階層　第3階層　第4階層

<テーマ>
会議時間が長い

WHY?

- 会議前に原因がある（WHY?）
  - 主催者に原因がある
    - ●会議の目的が不明確
    - ●資料の準備不足
  - 参加予定者に原因がある
    - ●事前資料の未読
    - ●アイデアの準備不足
- 会議中に原因がある（WHY?）
  - 進行役に原因がある
    - ●進行スキルの不足
    - ●ムダな説明時間
  - 参加者に原因がある
    - ●進行の妨げ
    - ●集中力の不足

なぜ？（WHY？）で
分解するのね

具体的な原因が出てきたら、
どんな対策を取ればよいか
考えよう

15 HOWツリー（ロジックツリー③）
〜具体的な解決策を導き出す〜

HOWツリーとは

「HOWツリー」は、**「HOW（どのように）？」で分解していくロジックツリー**です。分解すれば、具体的な解決策を見つけ出すことができます。

たとえば、会社の利益向上を分解して考えてみましょう。

「利益向上」というテーマを設定し、ここを第１階層とします。利益を増やすためにはどうしたらよい？（HOW ？）と考えると、売上アップ・経費削減という分け方が見つかります。ここが第２階層です。

次に、売上アップ・経費削減をそれぞれ分解します。売上アップするにはどうしたらよいか？（HOW ？）と考えると、「お客様の数を増やす」「お客様１人あたりの売上（客単価）を増やす」という方法が見つかります。経費削減を分解すると、人件費削減、家賃削減等の方法が見つかります。

HOWツリーで見えてくるもの

さらに分解を進めると、**より具体的な解決策**が見えてきます。

お客様の数を増やすためにチラシを配布しようとか、ＳＮＳで宣伝してみよう等のアイデアが出てきます。客単価を増やすためには、セット販売しようとか、高額品を追加しよう等のアイデアが出てきます。経費削減に関しても、残業時間の削減、事務所家賃の引下げ交渉等の解決策が見えてきます。

出てきた解決策は、必ずしも全部を実行する必要はありません。効果が高いもの、実現可能性が高いものを選んで実施します。

解決策の選び方については、ペイオフ・マトリクス（☞84ページ）や意思決定マトリクス（☞86ページ）を活用しましょう。

◎HOWツリーの使用例◎

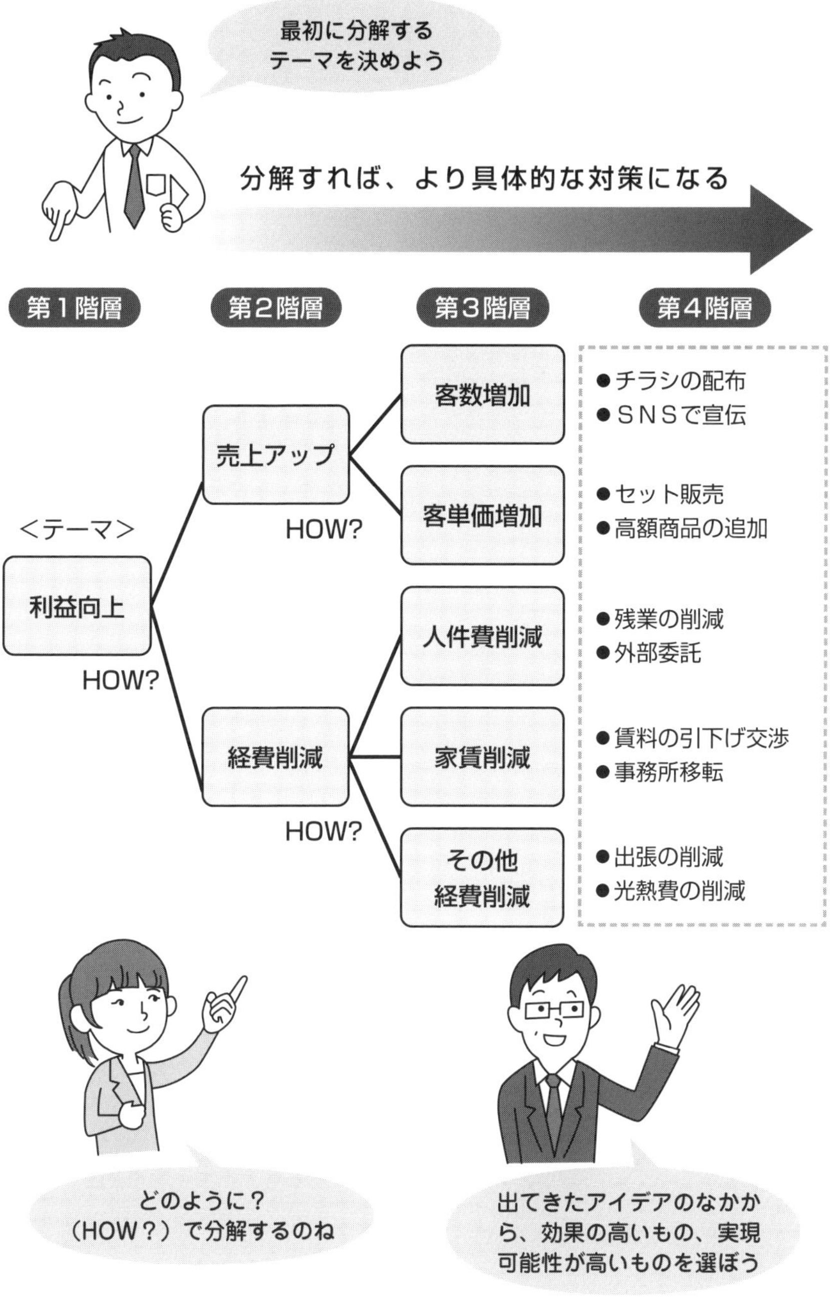

分解すれば、より具体的な対策になる

第１階層　第２階層　第３階層　第４階層

＜テーマ＞

利益向上
HOW?

- 売上アップ（HOW?）
  - 客数増加
    - ●チラシの配布
    - ●ＳＮＳで宣伝
  - 客単価増加
    - ●セット販売
    - ●高額商品の追加
- 経費削減（HOW?）
  - 人件費削減
    - ●残業の削減
    - ●外部委託
  - 家賃削減
    - ●賃料の引下げ交渉
    - ●事務所移転
  - その他経費削減
    - ●出張の削減
    - ●光熱費の削減

どのように？
（HOW？）で分解するのね

出てきたアイデアのなかから、効果の高いもの、実現可能性が高いものを選ぼう

16

ＭＥＣＥ（ミッシー）
～モレなくダブリなく分類する～

ＭＥＣＥとは

「ＭＥＣＥ」(Mutually Exclusive Collectively Exhaustive）とは、**モレなくダブリなく分類する**ことです。「ミッシー」または「ミーシー」と呼ばれます。効率的かつ適切に、物事を分析したいときに役立ちます。

たとえば、お店に来ているお客様を分類してみるとしましょう。

20歳未満と20歳以上で分けると、これはＭＥＣＥに分類できています。モレている（20歳未満でも20歳以上でもない）人はいませんし、ダブっている（20歳未満でも20歳以上でもある）人もいません。同じように、住所（市内・市外）で分けたり、来店回数（初回来店・２回目以降来店）で分けたりしてもＭＥＣＥです。

ＭＥＣＥではないケース

でも、似たような分類でも、少し間違えるとＭＥＣＥではなくなります。たとえば、お客様を20歳以下と20歳以上に分類すると、20歳ちょうどの人は、どちらにも分類されるのでダブリがあります。

お客様を、市内・県外で分けるとどうでしょうか？　市内でも県外でもない人（市外で県内）がいるのでモレがあります。

お客様を、学生・会社員・無職で分類すると、これはモレもダブリもあります。モレの例としては、個人事業主です。個人事業主は、学生でも会社員でも無職でもありません。ダブリの例としては、会社員として働きながら、学校に通っている人がいる可能性があります。

モレがある分類をしてしまうと、問題解決策を考える場合にもモレが出てきてしまいます。ダブリがある分類をしてしまうと、正確かつ効率的な分析ができません。分類するときは、ＭＥＣＥを意識しましょう。

◎ＭＥＣＥ（モレなくダブリなく分類できている）の例◎

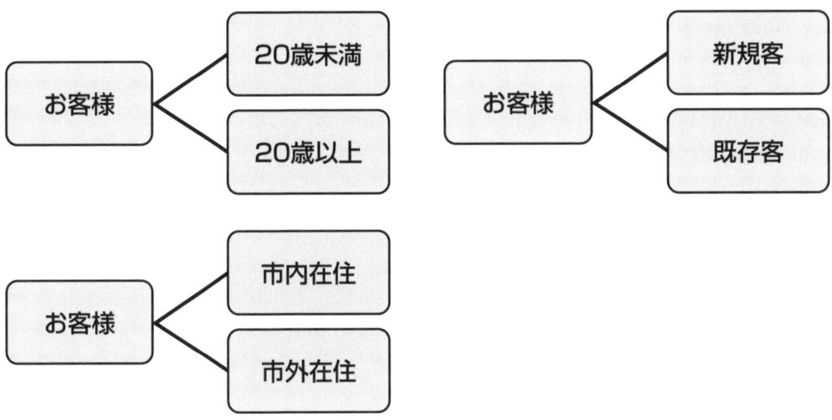

◎ＭＥＣＥではない例◎

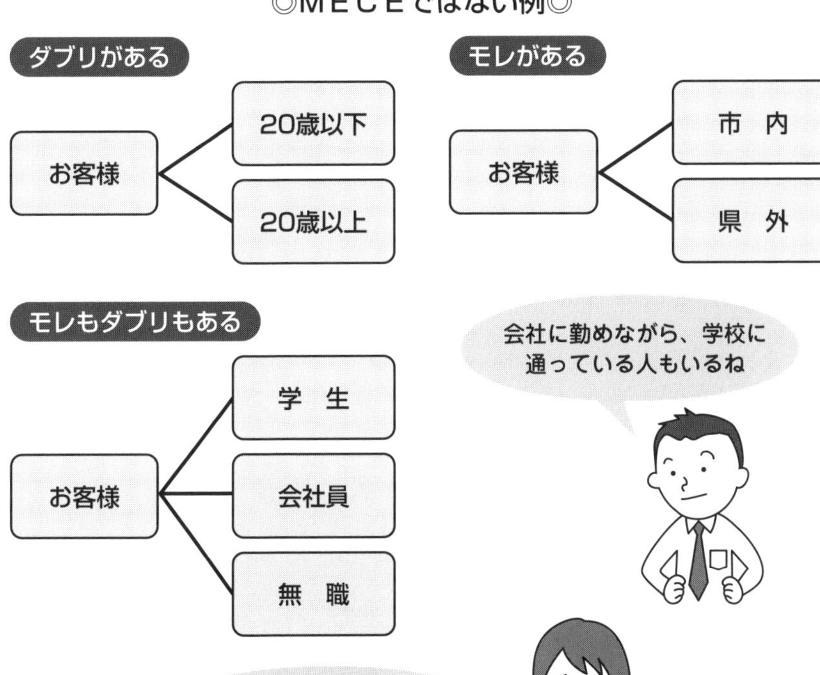

「習慣」選挙

▶人間は習慣の生き物である

「人間は理性の生き物でもなければ、本能の生き物でもない。人間は習慣の生き物である」とは、ジョン・デューイ（アメリカの哲学者・思想家）の言葉です。

人間が習慣の生き物であるならば、よい習慣を持つようにしたい。「夜ふかしの習慣」よりは「早起きの習慣」を、「ゲームの習慣」よりは「読書の習慣」を、「怠惰な習慣」よりは「運動の習慣」を身につけたいものです。

習慣は、１日でつくるものではありません。日々繰り返している行動が、私たちの習慣をつくっています。日々早起きをしていれば、早起きが習慣になり、日々体を動かしていれば、スポーツが習慣になり、日々書籍を読んでいれば、読書が習慣になっていきます。

考えてみると、習慣は選挙に似ています。１日早起きをすれば、「早起き」に１票入ります。翌日にまた早起きをすれば、「早起き」にもう１票入ります。もちろん１票・２票では当選することはできませんが、日々投票を繰り返せば、早起きの習慣を獲得することができます。

私たちは日々の行動で、自分の習慣をつくっているのかもしれません。あなたはどんな習慣に、投票していますか？

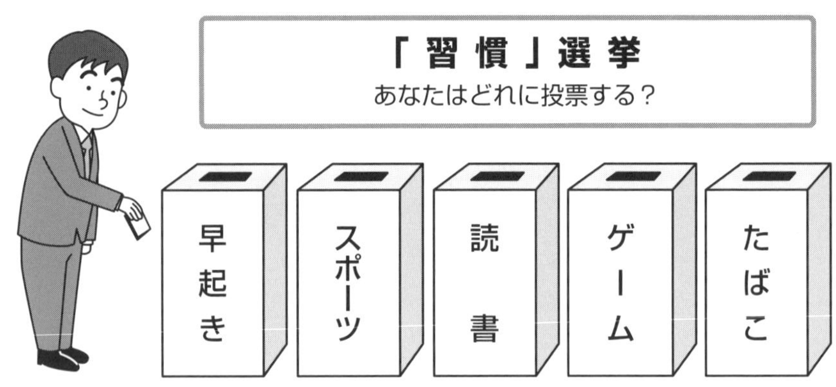

組織・コミュニケーションで使えるフレームワーク

17 組織の３要素
～人が集まっただけでは、組織とはいえない～

組織の３要素とは

組織の３要素とは、**組織が成立するための３つの要素である「共通目的」「貢献意欲」「コミュニケーション」**をいいます。チェスター・バーナード（アメリカの経営学者）が提唱しました。

たとえばあなたが、サッカーチームをつくるとします。メンバーを集めただけでは、単なる集団です。組織とはいえません。「リーグ戦で優勝するぞ」（共通目的）、「チームの勝利に貢献しよう」（貢献意欲）、「声をかけあって勝利をめざそう」（コミュニケーション）と組織の３要素を満たせば、集団は組織に変わります。

大きな組織のなかに、小さな組織が内在している

「会社」も代表的な組織の１つです。たくさんの人が集まった大会社もあります。でも、組織の３要素が満たせていないような会社も、なかにはあるのではないでしょうか？

貢献意欲のないメンバーが増えれば、会社は成り立ちません。共通の目的があいまいでメンバーがバラバラに動いても、会社はうまくいきません。メンバー同士でコミュニケーションを取って協力することで、会社は組織として機能します。

注意したいのは、会社のなかにある「営業部」「開発部」「人事部」なども組織だということです。大きな組織のなかに、小さな組織が内在しています。

営業部には営業部の目的があり、開発部には開発部の目的があります。それぞれの目的を意識するあまり、会社全体の共通目的を見失ってしまうこともあります。営業部員も開発部員も会社全体の共通目的を共有し、お互いにコミュニケーションを取り、貢献意欲を持って仕事に取り組む必要があります。

◎組織の３要素（サッカーチームの場合）◎

共通目的
リーグ戦で優勝するぞ！

貢献意欲
チームの勝利に貢献しよう！

コミュニケーション
声をかけあって勝利をめざそう！

◎「会社」も組織、「営業部」も組織◎

会社全体の共通目的と各部の共通目的が両方あるのね

部門内だけでなく、部門間のコミュニケーションも大事だね

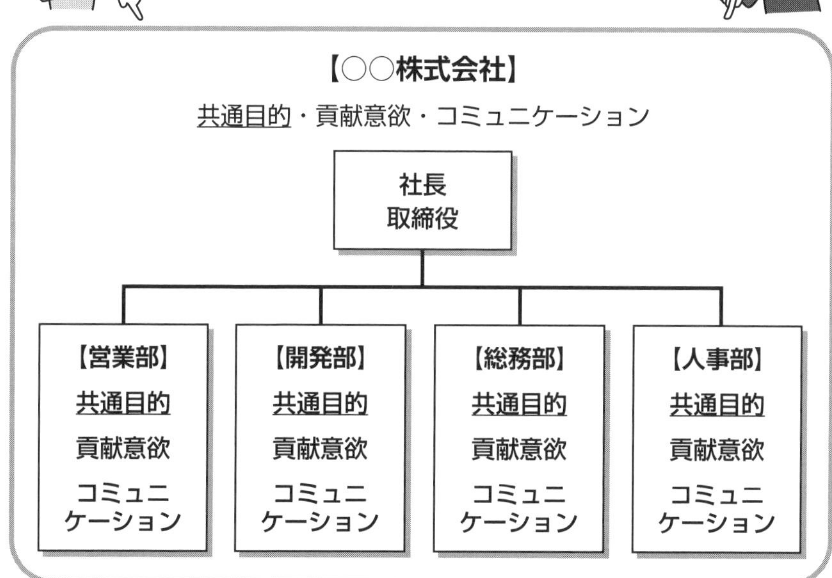

18 組織のライフサイクル
～組織にも成長段階がある～

組織のライフサイクルとは

「組織のライフサイクル」とは、**組織の成長・変化を整理できるフレームワーク**です。

人間に「青年期」や「壮年期」があるように、組織にも成長していく過程があります。出来立ての若い組織もあれば、成熟した組織もあるでしょう。ここでは、よく使われる枠組みとして、「①起業家段階→②共同化段階→③公式化段階→④精巧化段階」のフレームワークを紹介します。

起業家→共同化→公式化→精巧化

①起業家段階は、組織ができたばかりの段階です。創業して間もないベンチャー企業をイメージするとよいでしょう。創業者の強いリーダーシップで組織を運営します。決められたルールや体制はなく、臨機応変に業務に対応していきます。

組織が成長し、②共同化段階に進むと、メンバー数が増え、創業者の強いリーダーシップだけでは運営が難しくなります。幹部社員等に権限を移譲し、役割分担を進めていきます。非公式ながらも、組織内の活動がルール化されていく段階です。

③公式化段階では、さらに役割分担が進みます。それぞれの部門の専門性が高まり、分業が進みます。組織内のルールも明確に決まり（公式化）、安定的に業務が進みます。一方、組織が硬直化してしまい、融通がききづらくなります。

④精巧化段階は、公式化段階で硬直化した組織を、再活性化する段階です。会社全体の理念やビジョンを共有したり、部門横断的なプロジェクトチームをつくったりすることで、組織を再活性化します。

◎組織のライフサイクルのイメージ◎

①起業家段階

- 強いリーダーシップ
- 少数精鋭
- 柔軟な対応

新しい会社をスタートした。皆で頑張ろう！

②共同化段階

- 役割分担・権限移譲
- 専門化
- 非公式のルールづくり

社員も増えてきたし、部門を分けて、部門長に権限移譲しよう

③公式化段階

- ルールの公式化
- 部門別の体制
- 硬直化の弊害

社内ルールは整備されたけど、硬直化して融通がきかないな

④精巧化段階

- 組織の再活性化
- 組織の理念浸透
- 部門横断のチーム

19 動機づけ要因・衛生要因
〜不満を防止し、満足度を高める〜

動機づけ要因・衛生要因とは

「動機づけ要因・衛生要因」は、フレデリック・ハーズバーグ（アメリカの臨床心理学者）が提唱したモチベーション理論です。**満足度を高める要因（動機づけ要因）と不満を防止する要因（衛生要因）の２つの要因に分けて考える**ことから「**二要因理論**」とも呼ばれます。

動機づけ要因には、どんなものがあるでしょうか？　たとえば、上司から褒められたときです。「○○さん、よく頑張っているね」と褒められると、モチベーションが上がります。

お客様から感謝されても、モチベーションが上がります。「どうもありがとう」と言われると、これからも頑張ろうという気持ちになります。

もう一方の衛生要因には、どんなものがあるでしょうか？　たとえば、職場環境です。ものすごく暑い部屋・寒い部屋で働いていると、「もっとよい環境で働きたい」と不満に感じます。

給料も衛生要因の１つです。「こんなに働いているのに給料が低い」と思うと不満に感じます。衛生要因で不満を防止し、動機づけ要因で満足度を高める、二要因への対策が必要なわけです。

衛生要因だけではモチベーション向上に限界がある

注意したいのは、衛生要因だけに取り組んでも、モチベーション向上には限界があることです。たとえば、（衛生要因の１つである）給料です。給料が低いと不満に感じますが、給料を上げることでモチベーションがどんどん上がるかというと、そうではありません。

モチベーションをさらに高めるためには、別のアプローチ、つまり動機づけ要因が必要になります。

◎動機づけ要因・衛生要因のしくみ◎

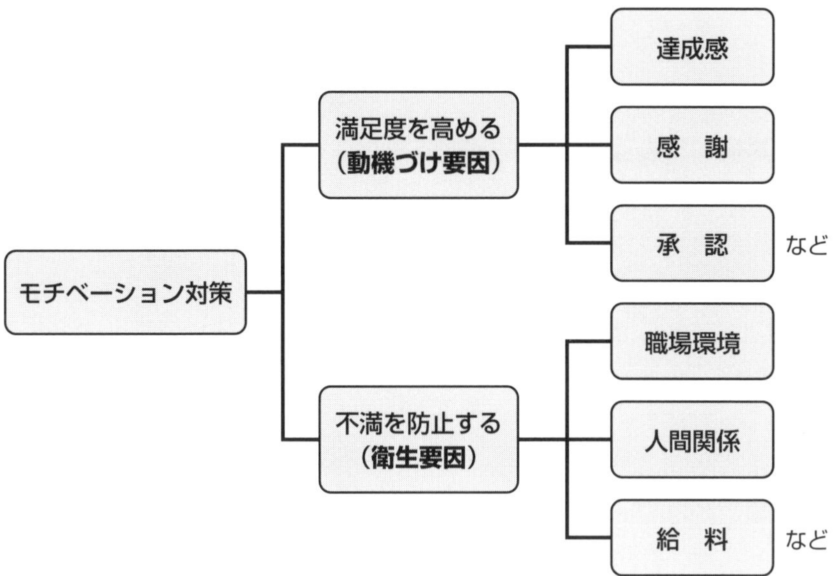

20 ＰＭ理論
～リーダーに求められる２つの機能～

ＰＭ理論とは

「ＰＭ理論」は、三隅二不二（社会心理学者）によって提唱された**リーダーシップ理論**です。

リーダーの機能を「Ｐ」（Performance：目標達成行動）と「Ｍ」（Maintenance：集団維持行動）の２軸に分け、「ＰＭ型」（目標達成も集団維持も強い）、「Ｐｍ型」（目標達成は強いが集団維持は弱い）、「ｐＭ型」（集団維持は強いが目標達成が弱い）、「ｐｍ型」（目標達成も集団維持も弱い）の４類型に分類しました。

理想的なリーダーの行動とは

たとえば、目標に向かってとても厳しい上司がいたとしましょう。部下を叱咤して目標を達成します。しかし、部下が疲弊したり、不満が高まったりすると集団は維持できません。Ｐｍ型（目標達成は強いが集団維持は弱い）では、組織を継続することが難しくなってしまいます。

一方、とても優しいが目標達成意識が低い上司がいたとしましょう。温厚な上司で、働きやすい職場かもしれませんが、目標の未達が続きます。ｐＭ型（集団維持は強いが目標達成が弱い）でも、組織を継続することが難しくなってしまいます。

理想的なのは、ＰＭ型のリーダーです。目標達成と集団維持を両立させます。組織のなかで目標を共有したり、目標に向けて進捗を確認したりする一方で、部下の相談に乗ったり、頑張った部下を褒めたりします。

ＰＭ型のリーダーは、部下から慕われていることも多いです。「あの上司のためにチーム一丸となって頑張ろう」となれば、目標達成にもつながります。

◎ＰＭ理論の４つの類型◎

	「Ｍ」集団維持行動：弱	「Ｍ」集団維持行動：強
「Ｐ」目標達成行動：強	**Ｐｍ型** 目標達成は強いが 集団維持は弱い	**ＰＭ型** 目標達成も 集団維持も強い
「Ｐ」目標達成行動：弱	**ｐｍ型** 目標達成も 集団維持も弱い	**ｐＭ型** 集団維持は強いが 目標達成が弱い

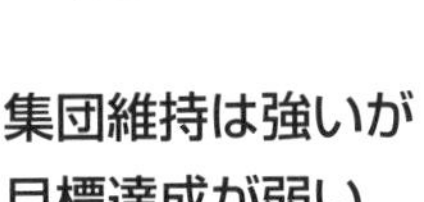
ＰＭ型が
理想ね

「Ｐ」目標達成行動

「Ｍ」集団維持行動

＜Ｐ（目標達成行動）の例＞

チームの目標を共有している

今期の目標
はこれだ！

進捗管理をしている

どこまで
進んでいる？

＜Ｍ（集団維持行動）の例＞

部下の相談に乗っている

困っていること
はないかい？

部下を褒めている

よく
頑張ったね

21 ＳＬ理論
～部下の成熟度に合わせたリーダーシップスタイル～

ＳＬ理論とは

「ＳＬ（Situational Leadership）理論」は、部下の成熟度に合わせて行なうリーダーシップのスタイルです。**「指示型」「コーチ型」「援助型」「委任的」の４つに分類**されます。

指示型リーダーシップは、部下の成熟度が低いときに有効なリーダーシップスタイルです。たとえば、職場に配属になったばかりの新入社員が対象になります。仕事のやり方を教えたり、具体的に指示を出すようなリーダーシップです。

部下の成熟度が上がっていくと、指示型リーダーシップからコーチ型リーダーシップに移行します。細かな指示を少し減らし、問いかけを使って部下自身に考えさせたりします。

さらに部下の成熟度が上がると、コーチ型リーダーシップから援助型リーダーシップに移ります。上司からの指示をさらに減らし、部下が自分自身で意思決定できるようにサポートします。

部下の成熟度が上がり、自信を持って仕事ができるようになると、援助型リーダーシップから委任型リーダーシップに移行します。リーダーからの関与を減らし、部下自身に仕事を任せます。

部下の成熟度に合わせる

ＳＬ理論の特徴は、**部下の成熟度によってリーダーシップスタイルが変わる**ことです。

新入社員に「君に任せた」と委任型のリーダーシップをしても、うまくいかないことが多いでしょう。一方、ベテラン社員に細かな指示を出すような指示型リーダーシップをとると、モチベーションが下がり、成長も止まってしまうでしょう。

リーダーシップスタイルは、部下の成熟度に合わせることがポイントです。

◎ＳＬ理論のしくみ◎

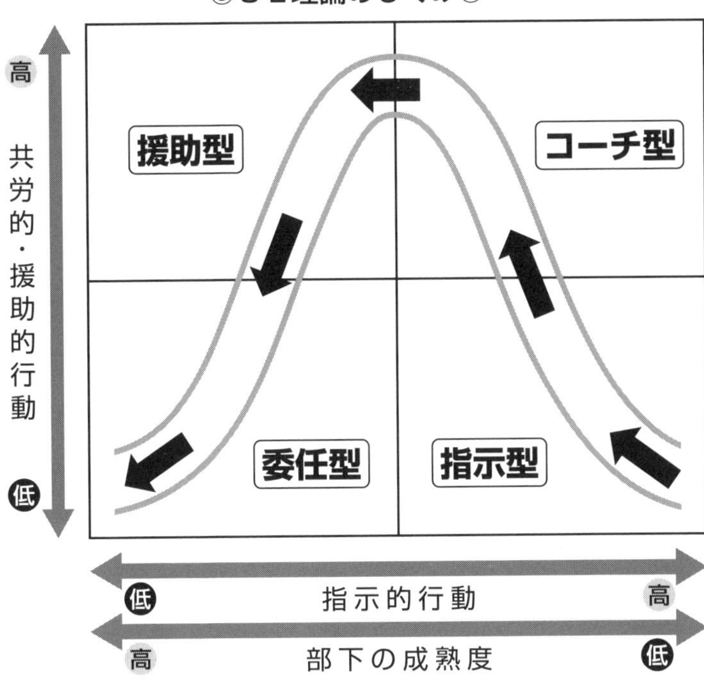

<新入社員には…>

<少し仕事を覚えてきたら>

<かなり仕事ができるようになったら>

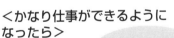

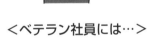

サポートするから、
自分でやって
みよう

<ベテラン社員には…>

君に任せた！

22 SECI（セキ）モデル
～暗黙知を形式知に変えるプロセス～

SECIモデルとは

「SECIモデル」は、**暗黙知**（**言葉で表わすのが難しい知識**）**を形式知**（**言葉で表わせる知識**）**にしたり、さらに高いレベルの知識を生み出すときに役立つ方法**です。ベテラン職人の技術を若手職人に継承したり、凄腕営業マンのノウハウを営業部門全体で共有するような場合に役立ちます。

SECIモデルは、①「共同化」(Socialization)、②「表出化」(Externalization)、③「連結化」(Combination)、④「内面化」(Internalization) のプロセスで進めます。

SECIモデルの活用イメージ

たとえば、凄腕営業マンのノウハウを営業部門全体で共有するとします。「凄腕営業マンに勉強会を開いてもらう」という方法もありますが、言語化されていない暗黙知はなかなか伝わりません。

そこで、①「共同化」です。凄腕営業マンの暗黙知を、他の人が体験することから始めます。凄腕営業マンに別の営業マンを同行させて学ばせます。

次に②「表出化」です。同行して学んだことを、文章や図を使って整理します。ここで、凄腕営業マンが持っていた暗黙知が形式知に変わります。

③「連結化」は、組織で蓄積された形式知同士を組み合わせて新しい形式知を生み出すプロセスです。古い営業マニュアルに、凄腕営業マンから生まれた形式知を加え、新しい営業マニュアルに更新します。

④「内面化」は、それぞれの営業マンが新しい形式知を活用し、知識を吸収していく段階です。新しい営業マニュアルを活用・実践して、個々の営業マンに知識が共有されていきます。

◎SECIモデルのイメージ◎

<成績がよい営業マンのノウハウを共有化する場合>

暗黙知

①共同化
(Socialization)

一緒に経験することで個人の持つ暗黙知を共有する

営業に同行
して学ぼう

②表出化
(Externalization)

経験で得られた暗黙知を言語化する

学んだことを
文書にしよう

暗黙知　形式知

④内面化
(Internalization)

新たな形式知を活用して、個人の内面に蓄積する

新しい営業
マニュアルを
活用しよう

③連結化
(Combination)

組織に蓄積された形式知同士を組み合わせ、新しい形式知を生み出す

営業マニュ
アルを更新
しよう

形式知

23 演繹（えんえき）法 〜一般論から具体的な結論を導き出すアプローチ法〜

演繹法とは

「演繹法」は、**一般的・普遍的な法則から個別的・特殊的な結論を導き出す思考法**です。物事を推論したり、説明したりするときに役立ちます。

たとえば、「当社社員は全員、健康診断を受けなければならない」という大前提があったとしましょう。大前提とは、すべてに当てはまること・必ず正しいことです。そこに、「山田さんは当社社員である」という小前提を当てはめると、「山田さんは健康診断を受けなければならない」という結論を導き出すことができます。

演繹法の落とし穴

一見シンプルな演繹法ですが、実は落とし穴があります。次の2つを比べてみましょう。

【パターン①】

大前提	係長に昇進した人はすべて、係長昇進試験に合格した人です。
小前提	山田さんは、**係長に昇進した人**です。
結　論	ゆえに、山田さんは係長昇進試験に合格した人です。

【パターン②】

大前提	係長に昇進した人はすべて、係長昇進試験に合格した人です。
小前提	山田さんは、**係長昇進試験に合格した人**です。
結　論	ゆえに、山田さんは係長に昇進しました。

パターン①は、正しい演繹法です。しかしパターン②は、大前提と小前提の当てはめ方が誤っています。パターン②を成立させるためには、大前提が「係長昇進試験に合格した人はすべて、係長に昇進しました」でなければなりません（右ページ図のパターン③）。

◎演繹法を使った例◎

大前提	当社社員は全員、健康診断を受けなければならない
小前提	山田さんは、当社社員である
結　論	ゆえに、山田さんは健康診断を受けなければならない

＜演繹法の落とし穴＞

【パターン①】○ 正しい演繹法

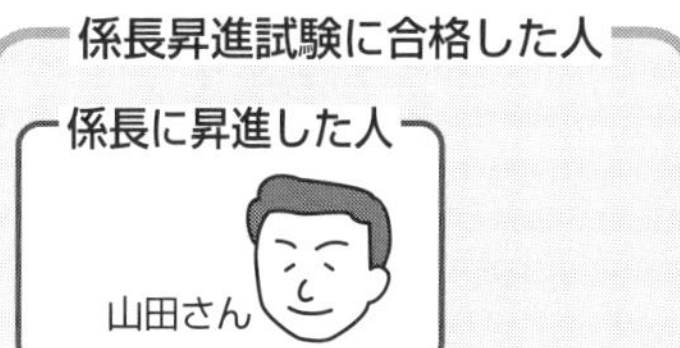

大前提	係長に昇進した人はすべて、係長昇進試験に合格した人です。
小前提	山田さんは、係長に昇進した人です。
結　論	ゆえに、山田さんは係長昇進試験に合格した人です。

【パターン②】✕ 誤った演繹法

係長昇進試験に合格した人

係長に昇進した人

山田さんが昇進したとは限らない

大前提	係長に昇進した人はすべて、係長昇進試験に合格した人です。
小前提	山田さんは、係長昇進試験に合格した人です。
結　論	ゆえに、山田さんは係長に昇進しました。

【パターン③】○ 正しい演繹法

係長に昇進した人

係長昇進試験に合格した人

山田さん

大前提	係長昇進試験に合格した人はすべて、係長に昇進しました。
小前提	山田さんは、係長昇進試験に合格した人です。
結　論	ゆえに、山田さんは係長に昇進しました。

24 帰納（きのう）法 〜具体例を集めて一般化するアプローチ法〜

帰納法とは

「帰納法」は、**個別的・特殊的な事例から、一般的な法則・結論を導き出す思考法**です。前項の演繹法と同様に、物事を推論したり、説明したりするときに役立ちます。次の例文を見てみましょう。

> ソクラテスは死んだ。織田信長は死んだ。ベートーヴェンは死んだ。人は皆、死ぬのだろう。

ソクラテス、織田信長、ベートーヴェンが、個別的・特殊的な事例です。そこから共通点を見つけ出し、「人は皆、死ぬのだろう」という結論を導き出しています。

サンプルとして偏りがないか

> A社社員の山田さんは、いつも明るい挨拶をしてくれる。A社社員の佐藤さんは、言葉づかいが丁寧だ。A社社員の田中さんは、身だしなみが整っている。A社社員はマナーがいいな。

これは、山田さん、佐藤さん、田中さんが、個別的・特殊的な事例です。そこから共通点を見つけ出し、「A社社員はマナーがいいな」という結論を導き出しています。

ここで注意したいのは、山田さん、佐藤さん、田中さんが、A社全体を表わすサンプル（個別的な事例）として適切かどうかです。たとえば、この3人とも秘書室勤務だったらどうでしょう。サンプルとして偏っていますね。この場合は、「A社秘書室の社員はマナーがいいな」という結論のほうが適切です。帰納法を使うときは、適切に一般化できているか注意しましょう。

◎帰納法を使った例◎

個別的・特殊的事例

ソクラテスは
死んだ

織田信長は
死んだ

ベートーヴェン
は死んだ

共通点を見つけて、
一般化する

一般的な法則・結論

人は皆、死ぬのだろう

<一般化する際の注意点>

A　社

秘書室

山田さん

佐藤さん

田中さん

「A社社員は」ではなく
「A社秘書室の社員は」
で一般化する

一般的な法則・結論

A社秘書室の社員はマナーがいいな

25 ホールパート法
～体系的に物事を伝える方法～

ホールパート法とは

「ホールパート法」は、**「ホール（全体像・結論）→パート（部分）→ホール（全体像・まとめ）」の順番で伝えるコミュニケーション手法**です。いくつかのパートに分割して、論理的に物事を伝えます。

たとえば、会社説明会をするとしましょう。最初に「当社は、システム開発会社です」のように全体像を話します。次に、部分に分けて説明していきます。「民間向けシステムでは…（部分１）」「公共向けシステムでは…（部分２）」のような形です。最後に、まとめとして「当社は、民間向けシステム・公共向けシステムを開発している会社です」のように全体に戻ります。

自社の商品をアピールするときにもホールパート法は使えます。最初は「当社の新商品○○バーガーを紹介します。特長は３つです」のように全体像を話します。次に、「１つ目の特長は味です…（部分１）」「２つ目の特長は素材です…（部分２）」「３つ目の特長は見た目です…（部分３）」のように、部分の紹介に入ります。

最後に、「以上、味・素材・見た目の３つの特長があるバーガーです。ぜひお召し上がりください」のように全体（まとめ）に戻ります。

ホールパート法のポイント

ホールパート法を使うときは、**部分を細かく分け過ぎない**ようにしましょう。「特長は３つあります…」のように、部分は３つくらいがわかりやすいです。「特長が８つあります」のように部分が多すぎると要点が絞れず、わかりづらくなってしまいます。

ロジックツリー（☞36ページ）で整理しながら、全体・部分に整理していきましょう。

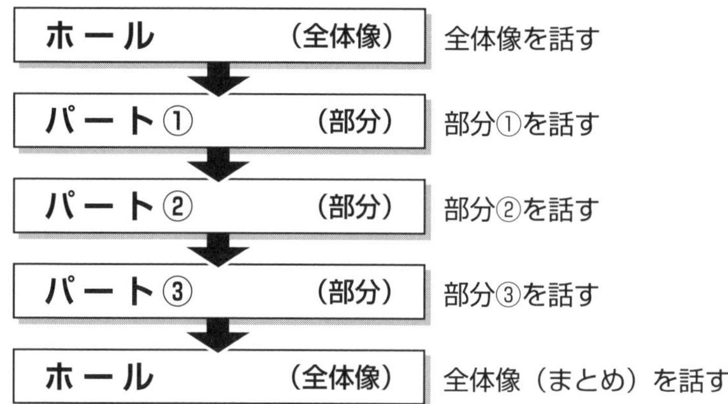

<ホールパート法の例…会社説明会>

ホール（全体像）	当社は、システム開発会社です。民間向けシステムと公共向けシステムを開発しています。
パート（部分1）	民間向けシステムでは、主に製造業向けシステム、小売業向けシステム等を開発しています。たとえば製造業システムでは……
パート（部分2）	公共向けシステムでは、国や都道府県、市町村向けのシステムを開発しています。たとえば都道府県向けのシステムでは……
ホール（全体像）	以上、当社はさまざまな民間向けシステム・公共向けシステムを開発している会社です。

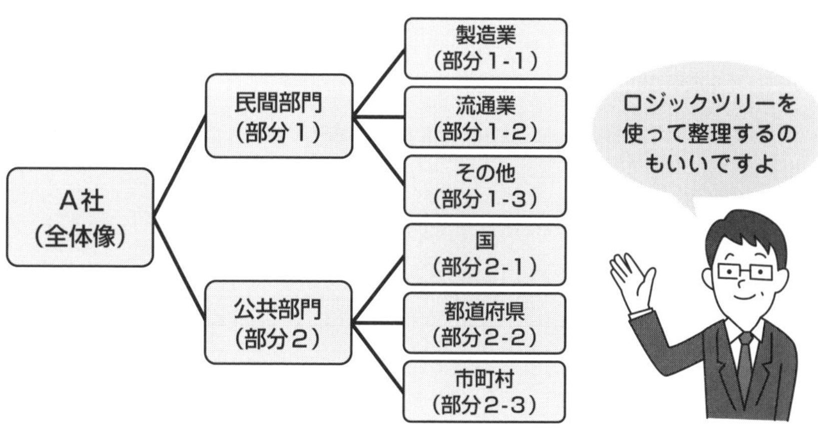

26 ＰＲＥＰ（プレップ）法
～わかりやすく伝える方法～

ＰＲＥＰ法とは

「ＰＲＥＰ法」は、**「①Point（結論）→②Reason（理由）→③Example（事例）→④Point（結論）」の順番で伝えるコミュニケーション手法**です。とてもシンプルな手法ですが、Ｐ・Ｒ・Ｅ・Ｐの順番で話すことで、わかりやすく効率的な伝達を行なうことができます。

たとえば、あなたが社内で、テレビ会議システムの活用推進をめざすとしましょう。最初に、「テレビ会議システムの活用を推進したい」という結論を話します。次に、「経費削減につながるから」という理由を話します。さらに、「Ａ社では1,000万円の経費が削減できた」という事例を話します。最後に、もう一度「テレビ会議システムの活用を推進したい」という結論を繰り返します。

わかりやすく伝えるための工夫

ＰＲＥＰ法のよいところは、ビジネスコミュニケーションの基本が押さえられていることです。**忙しいビジネスの現場では、まず「結論から話す」**ことが求められます。結論から話すことで、「何が言いたいの？」「結論は何？」という回り道を防ぐことができます。

理由（Reason）を明確に示すことも、ビジネスの現場では大事です。「なぜそれをやるの？」「どういうメリットがあるの？」という疑問に答えなければ、提案は通りません。だから、結論（Point）の次に理由（Reason）を伝えるわけです。

事例（Example）を盛り込むことも、ＰＲＥＰ法のよいところです。「他社ではこういう成功例がある」「お客様からこういう感想をもらった」など、具体的な事例が入ることで説得力が高まります。

◎ＰＲＥＰ法の使い方◎

＜ＰＲＥＰ法の例①…テレビ会議システムの推進＞

Point（結論）	私は、テレビ会議システムの活用を、当社で推進したいと考えています。
Reason（理由）	理由は、遠方の人でも宿泊費や交通費をかけずに会議に参加でき、経費削減につながるからです。
Example（事例）	たとえばＡ社では、テレビ会議システムの推進で年間1,000万円の経費を削減できたそうです。
Point（結論）	だから私は、テレビ会議システムの活用を、当社で推進したいと考えます。

＜ＰＲＥＰ法の例②…私の好きなこと＞

Point（結論）	私は、古典を読むのが大好きです。
Reason（理由）	理由は、古典を読むことで生きるための知恵を学ぶことができるからです。
Example（事例）	たとえば論語の「過ちて改めざる これを過ちという」は、現代にも役立つ言葉だと思います。
Point（結論）	だから私は、古典を読むことが大好きです。

27 DESC（デスク）法 ～自分も相手も尊重するコミュニケーションスタイル～

DESC法とは

「ＤＥＳＣ法」は、**相手に配慮しながらも、自分の意見を明確に伝えるコミュニケーション手法**です。D（Describe：描写する)、E（Express Explain：表現する、説明する)、S（Suggest Specify：提案する、具体例をあげる)、C（Choose Consequences：選択を促す、結果を示唆する）の４つを整理して話します。

たとえば、同僚に作成を依頼していた顧客向け資料がまだできていないとしましょう。「昨日までに作成をお願いしていた資料が、まだできていないようだけど…（D)」のように、客観的に状況を描写します。そして、「お客様が待っているから、今日中にお客様に送付したいんだけどね（E)」のように、主観的な意見・感情を表現します。

さらに、「今日の正午までに自分で作成するか、もしくは他の人に作成を替わってもらうか（S）どっちがいい？（C)」のような形で提案し、選択を促します。

DESC法のポイント

ＤＥＳＣ法は、**相互尊重型のコミュニケーションスタイル**です。「なんでまだ資料ができていないの！」と相手を糾弾したり、「いますぐ資料を作成して！」と相手に強制したりするような攻撃型のコミュニケーションスタイルではありません。「自分が我慢すればいいさ」という受け身型のコミュニケーションでもありません。

自分の意見や考えを明確に伝えながらも、それを押し付けるのではなく、提案型で選択肢を示します。

自分も相手も尊重する、相互尊重型のコミュニケーションスタイルなわけです。

◎ＤＥＳＣ法の４つの要素◎

Describe 描写する	**Express Explain** 表現する、説明する
Suggest Specify 提案する、具体例をあげる	**Choose Consequences** 選択を促す、結果を示唆する

＜ＤＥＳＣ法の例…顧客資料の作成が期日までにできていない場合＞

D　状況を描写する

昨日までに作成をお願いしていた資料が、まだできていないようだけど…

すみません。忙しくてまだ作成途中です

E　意見を表現する

お客様が待っているから、今日中にお客様に送付したいんだけどね

S　提案する

今日の正午までに自分で作成するか、もしくは他の人に作成を替わってもらうか

C　選択を促す

どっちがいいですか？

正午までに、自分で作成します

28 空・雨・傘
～事実を解釈し、行動を導き出す～

空・雨・傘とは

「空・雨・傘」は、**「①事実→②解釈→③行動」で整理するフレームワーク**です。「①空に雲が出てきた（事実）」「②雨が降りそうだ（解釈）」「③傘を持っていこう（行動）」という３つのステップで整理します。事実から結論（行動）を導き出したり、説得力の高い提案をするときに役立ちます。

たとえば、「日本国内で、高齢者の割合が増えている」という事実があったとします。あなたが投資家であれば、「介護産業が今後伸びそうだ」と解釈し、「介護産業に投資しよう」という行動を取ることが考えられます。

同じ事実から、別の解釈・行動につながることもあります。たとえばスーパーの経営者であれば、「高齢者の割合が増えている」という事実から、「宅配ニーズが高まりそうだ（解釈）」→「宅配サービスを強化しよう（行動）」という流れが考えられます。

もしあなたが人材採用担当者であれば、「労働人口が減って、採用環境が厳しくなりそう（解釈）」→「海外からの人材確保を進めよう（行動）」という流れが考えられます。

３ステップを明確につなげる

空・雨・傘は、①事実、②解釈、③行動の３つを明確につなげることが大切です。たとえば、①事実と③行動だけで「高齢化が進んでいる」→「宅配サービスを強化しよう」では、話に飛躍があり説得力に欠けます。②解釈と③行動だけで「宅配ニーズが高まりそうだ」→「宅配サービスを強化しよう」でも根拠が不明で、説得力に欠けます。

「①事実→②解釈→③行動」の３つを明確につなげることで、**より説得力が高い提案**につながります。

◎空・雨・傘の定義◎

空（事実）……空に黒い雲が出てきた
雨（解釈）……雨が降りそうだ
傘（行動）……傘を持っていこう

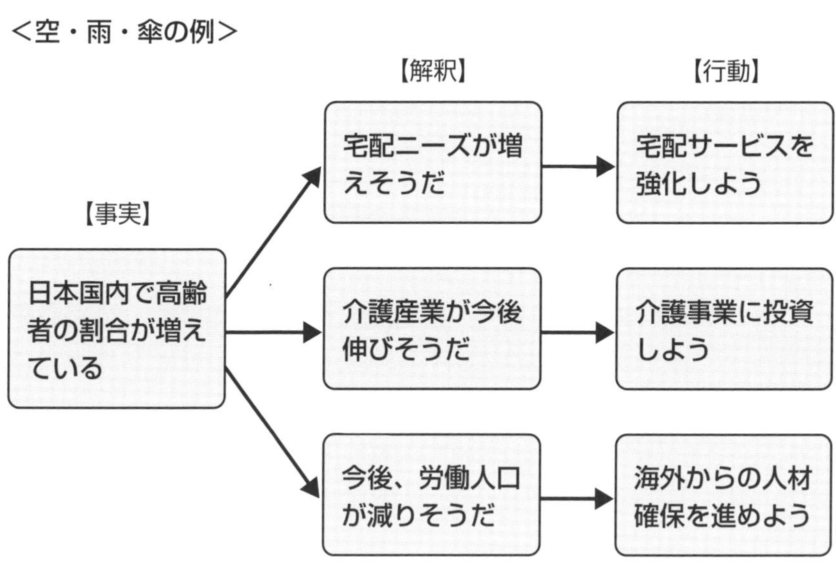
<空・雨・傘の例>
【事実】
日本国内で高齢者の割合が増えている
【解釈】
宅配ニーズが増えそうだ
介護産業が今後伸びそうだ
今後、労働人口が減りそうだ
【行動】
宅配サービスを強化しよう
介護事業に投資しよう
海外からの人材確保を進めよう

29 説得の３要素
〜説得するために大切なこと〜

説得の３要素とは

「説得の３要素」とは、**相手を説得するための３つの要素である「ロゴス」「パトス」「エトス」のこと**です。アリストテレス（古代ギリシアの哲学者）が提唱したものですが、現代でも通用する考え方です。

ロゴスとは、論理や言葉です。理由を明確にして、論理的な説明を行ないます。この本に出てくる各種フレームワークも、論理的な説明に活用できるでしょう。

パトスとは、感情・情熱です。気持ちを込めて熱心に伝えれば、相手の心に本気度が伝わります。「そんなに一生懸命なら任せてみよう」と、相手が了解してくれるかもしれません。

エトスとは、信頼性・人間性です。信頼できる人から言われれば、相手も納得してくれるでしょう。「あなたが言うなら間違いない」と思ってもらえれば、説得することは容易でしょう。

相手のタイプに合わせる

「お客様に商品を購入してもらいたい」とか「社内で提案を通したい」のように、相手を説得する（納得いただく）には、相手のタイプに合わせることも大切です。**論理的に考える人にはロゴスを重視した説得を、直観・感情を重視する相手にはパトスを重視した説得**を行ないます。

エトスを高めるには、日頃の言動が大切です。日頃から信用を積み重ね、「あの人なら間違いない」と思ってもらうことが大切なのです。

アリストテレスの時代から2000年以上経っても、ロゴス・パトス・エトスは、大切な要素です。説得力を高めるために、この３つの要素を磨いていきましょう。

◎説得の３要素を知っておこう◎

パトス
（感情・情熱）
ロゴス
（論理・言葉）
エトス
（信頼性・人間性）
説得

＜パトスのイメージ＞

全力で
やり遂げます！

一生懸命やって
くれそうだ。
任せてみよう

＜ロゴスのイメージ＞

……という理由
で、当社の成長
に役立ちます

根拠が明確で筋
が通っている。
任せてみよう

＜エトスのイメージ＞

私に任せて
ください！

○○さんなら間
違いない。任せ
てみよう

コラム

よい上司・よい経営者に必要なスキル

▶名選手が名監督とは限らない

スポーツの世界では、「名選手が名監督とは限らない」という言葉がよく使われます。現役時代に大活躍した選手でも、監督として活躍できるとは限りません。

ビジネスの世界でも、似たようなことがあります。現場で大活躍していた人が、必ずしもよい上司・よい経営者になるとは限りません。

ロバート・カッツ（アメリカの経営学者）は、マネジメントに必要な３つのスキルを提唱しました。

１つめは「テクニカルスキル」（業務遂行能力）です。各仕事に必要な専門能力のことです。

２つめは「ヒューマンスキル」（対人関係能力）です。人に適切に働きかけて関係をつくる能力です。部下の気持ちを理解したり、話しかけてモチベーションを高めたりします。

３つめは「コンセプチュアルスキル」（概念化能力）です。簡単にいえば、考える力です。経営全体を把握したり、問題を発見・解決する能力です。

現場で活躍していた人は、テクニカルスキルを持っている人が多いでしょう。でも、ヒューマンスキルやコンセプチュアルスキルを持たないと、よい上司やよい経営者にはなれません。

本書で紹介しているフレームワークをしっかりと学んで、ヒューマンスキルやコンセプチュアルスキルも磨いていきましょう。

マネジメントに必要な３つのスキル

テクニカルスキル　｜　ヒューマンスキル　｜　コンセプチュアルスキル

アイデア創出・会議で使える
フレームワーク

30 オズボーンのチェックリスト
～アイデア発想に使える９つの切り口～

オズボーンのチェックリストとは

「オズボーンのチェックリスト」は、創造的な発想技術で知られるアレックス・F・オズボーンが考えた**アイデア発想法**です。**①転用、②応用、③変更、④拡大、⑤縮小、⑥代用、⑦置換、⑧逆転、⑨結合の９つの切り口**でアイデアを考えます。

たとえば、傘メーカーがオズボーンのチェックリストでアイデア出しをするとしましょう。①転用では、「傘の技術で杖をつくれないか」「傘をモチーフにしたファッションアイテムをつくれないか」等のアイデアが浮かびます。④拡大では、「親子用の傘はつくれないか」「デート用の傘はどうだろう」等のアイデアが浮かびます。⑨結合では、「車椅子と傘を組み合わせてみたらどうか」「天気予報付きの傘はできないか」等のアイデアが浮かびます。チェックリストを使うことで、いろいろなアイデアが浮かぶわけです。

アイデア発想のポイント

私たちがふだん見ている商品やサービスでは、チェックリストにあるような発想がよく使われています。たとえば③変更では、米粉パン（材料の変更）、定額制動画配信サービス（提供方法の変更）があげられます。⑨結合の例としては、いちご大福（いちご＋大福）、インターネットカフェ（インターネット＋カフェ）があげられます。

オズボーンのチェックリストを使うときのポイントは、**否定をしないこと**です。「それは違うと思うな」「そんなの実現できないよ」と否定的に考えるとアイデアは浮かびません。できるか・できないかは後回しにして、まずはアイデアをたくさん出すことを意識しましょう。

◎オズボーンのチェックリストの９つの要素◎

①	**【転用】** 他の使い道はないか？
②	**【応用】** 他からアイデアを借りられないか？
③	**【変更】** 何かを変えられないか？
④	**【拡大】** 大きくしてみたらどうなる？
⑤	**【縮小】** 小さくしてみたらどうなる？
⑥	**【代用】** 代わりになるものはないか？
⑦	**【置換】** 入れ替えてみたらどうか？
⑧	**【逆転】** 逆にしてみたらどうなる？
⑨	**【結合】** 何かと合わせたらどうなる？

＜オズボーンのチェックリストの活用イメージ…傘メーカー＞

【転用】 杖をつくれないか

【応用】 洋服の技術を傘に生かせないか

【変更】 四角形にしたらどうか

【拡大】 親子用の傘はどうか

【縮小】 子犬用の傘はどうか

【代用】 鞄を傘にできないか

【置換】 柄の部分を竹にしたらどうか

【逆転】 上に反った傘はどうか

【結合】 車椅子と傘を組み合わせたらどうか

31

マンダラート
～９×９マスでアイデア創出・目標達成～

マンダラートとは

「マンダラート」は、**情報の整理・アイデア創出・目標達成等に活用できるフレームワーク**です。省略して「マンダラ」と呼ばれることもあります。

３×３の９マスのシートを利用し、中央のマスにテーマである「整理したい情報」「創出したいアイデア」「達成したい目標」を記入します。そして、その外側の８つのマスに、テーマに関連する項目を列挙します。

次に、外側の８つのマスに記載した項目を中央にして、新たな３×３の９マスを作成します。これを繰り返すことで、テーマに関する情報が整理され、アイデアを深掘りすることができます。

マンダラートの活用イメージ

たとえば、管理部門の業務内容を整理するとしましょう。管理部門の業務内容は、大きく分けると、①受注業務、②売上業務、③出荷（事務）業務、④売掛業務、⑤仕入業務、⑥買掛業務、⑦実績集計業務、⑧その他業務があります。これらを中央の９マスのなかに記入します。

次に、①受注業務の業務内容を確認します。大きく分けると、❶得意先からの納期問い合わせ、❷得意先からのＦＡＸ受信確認等の項目があり、これらを外側の９マスのなかに記入します。これを繰り返すことで、９×９の81マスを記入します。これにより、管理部門の業務を階層的に整理・分析することができます。

マンダラートは、目標達成にも活用できます。中央に達成したい目標を書き、その方法を整理していきます。マス目を埋めるなかで、多くのアイデア・斬新なアイデアも出てくるでしょう。完成すれば、具体的な達成法が整理でき、達成意欲も高まっていることでしょう。

◎マンダラートの作成手順◎

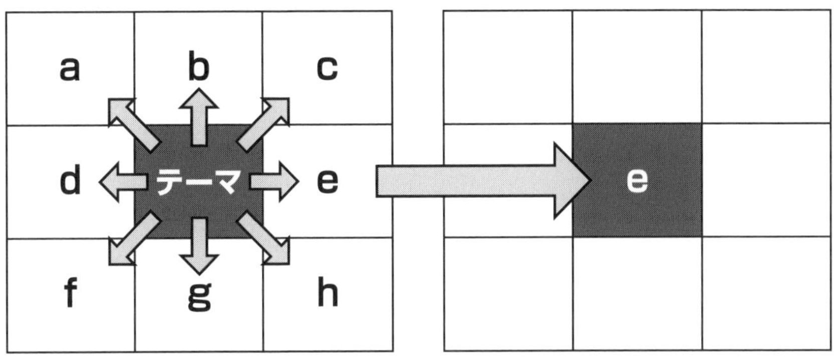

①中央のテーマの関連を意識してまわりのマスにアイデアを列挙する

②まわりのマスに記載したワードを中央にして、新たな9マスを作成する

＜マンダラートの例…管理部門の業務＞

納期問合せ	FAX確認	納期確認	納品確認	売上計上	一括計上	出荷締処理	Pリスト発行	納品書発行
日次集計	**受注**	伝票入力	日次集計	**売上**	値引計上	問合せ対応	**出荷**	送り状発行
受注残確認	直送手配	出荷指示	売上締処理	伝票発行	赤黒訂正	欠品確認	出荷実績確認	倉庫に持参
在庫確認	発注依頼確認	納期調整	**受注**	**売上**	**出荷**	元帳出力	請求締処理	請求書発行
日次集計	**仕入**	発注書FAX	**仕入**	**管理部業務**	**売掛**	残高一覧出力	**売掛**	回収予定発行
仕入締処理	仕入計上	入荷連絡受領	**買掛**	**その他**	**実績集計**	FB取込	入金予定確認	入金入力
元帳出力	支払締処理	支払明細発行	ファイリング	会議準備	資料印刷	売上速報	売上実績表	部門別集計
残高一覧出力	**買掛**	支払予定発行	その他会議	**その他**	予算入力	会議資料作成	**実績集計**	担当別集計
FBデータ作成	支払通知	支払入力	個人面談	部門会議	電話対応	予実績一覧表	得意先別集計	商品別集計

32

シックスハット法
～多面的に物事を検討する方法～

シックスハット法とは

「シックスハット法」とは、**かみ合わない会議でメンバーの目線を合わせたり、多面的に物事を検討したりするときに役立つ方法**です。白の帽子（客観的）、赤の帽子（感情的）、黄色の帽子（楽観的）、黒の帽子（悲観的）、緑の帽子（創造的）、青の帽子（俯瞰(ふかん)的）の６つの視点で話し合いを進めます。

同じ色の帽子をかぶって、視点を合わせる

たとえば、「新規事業案Ａを採用するかどうか」を検討するとします。まずは、全員が白の帽子（客観的）をかぶって意見を出します。「事業案Ａにはコストが○億円必要になる」「競合他社の情報は○○だ」など、客観的なデータ・事実を整理します。

次に、赤の帽子で意見を出します。「面白そうなので私も参画したい」とか「ちょっと不安」など、感情的な意見を出し合います。

そして、黄色の帽子（楽観的）で意見を出します。「この事業はうまくいきそうだ」「３年で投資回収できそう」などの意見が出ます。

その次に、黒の帽子（悲観的）で意見を出します。「ライバル会社に勝つには○○が足りない」「最悪の場合、○億円の損失が出る」などの意見が出ます。

さらにその次に、緑の帽子（創造的）で意見を出します。「事業案Ａをこういうふうに修正したら…」「ライバル会社と共同で事業を行なっては…」等の意見が出ます。

最後に、青の帽子（俯瞰的）で話し合います。これまでの５つの帽子で出た意見を踏まえて、「新規事業案Ａを採用するかどうか」の結論を出します。

シックスハット法は、ケースにより応用がきく方法です。**話し合う色の順番を変えたり、１人で実施することも可能**です。

◎シックスハット法の６つの帽子（視点）◎

帽子の色	役割	キーワード	イメージ
白の帽子	客観的	事実 データ 数値 確認	「まずはデータを確認しましょう」 「このデータが必要そうですね」
赤の帽子	感情的	主観 楽しい 好き 嫌い	「この案は、やってみたいです」 「けっこう楽しそうな取組みですね」
黄色の帽子	楽観的	長所 可能性 前向き うまくいけば	「いままでにない取組みで可能性がある」 「うまくいけば、当社の柱になるかも…」
黒の帽子	悲観的	短所 リスク 後ろ向き 失敗すれば	「競合が先行していて難しい」 「失敗すれば、○億円の損失が出そう」
緑の帽子	創造的	改善 発展 進歩 意外な方法	「○○を活用してみたらどうだろう」 「○○社と共同事業にしてみたら…」
青の帽子	俯瞰的	まとめ 全体 結論 総合的に	「これまでの意見を踏まえて結論を出そう」 「私は賛成です。理由は…」

33 弁証（べんしょう）法
～よりよい状態をめざすアプローチ法～

弁証法とは

「弁証法は、新しいものを生み出したり、よりよい状態をめざしたりするときに役立つ思考法です。**矛盾している２つのもの（テーゼとアンチテーゼ）を統合して、よりよい状態（ジンテーゼ）をめざします。**

新商品・新サービスのアイデア発想に使う

新商品や新サービスは、弁証法的なアプローチで発想することができます。

たとえば、ダイエット食品です。「やせたい」でも「食べたい」という相反するニーズを両立させたのが、「食べても太らない○○」のようなダイエット食品です。

グランピング（快適さを備えたキャンプ）も、弁証法的なアプローチです。屋外でテントを張って過ごすキャンプは、設営や撤収等の煩わしさが問題でした。「キャンプはしたい」でも「煩わしいのは嫌だ」という相反するニーズを両立させたのがグランピングです。

対立や矛盾を恐れない

ビジネスの現場では、矛盾や対立があふれています。労働者は「給料を上げてほしい」と考える一方で、経営者は「人件費を下げたい」と考えています。一見対立しているようですが、少し掘り下げて考えると解決の方向性が見えてきます。

経営者は「人件費を下げたい」のではなく、本当は「利益を上げたい」のです。経営者と労働者が協力し、「給料を上げても利益を上げられるような会社」という道を探ります。

弁証法は、対立や矛盾を恐れず、それを活用するアプローチです。弁証法的なアプローチで、新たなステージをめざしましょう。

◎弁証法のしくみ◎

ジンテーゼ
（合）

対立している2つ（テーゼとアンチテーゼ）を両立・統合するような方法（ジンテーゼ）を探すのね

テーゼ
（正）

アンチテーゼ
（反）

＜新商品・新サービスのアイデア発想に使う例＞

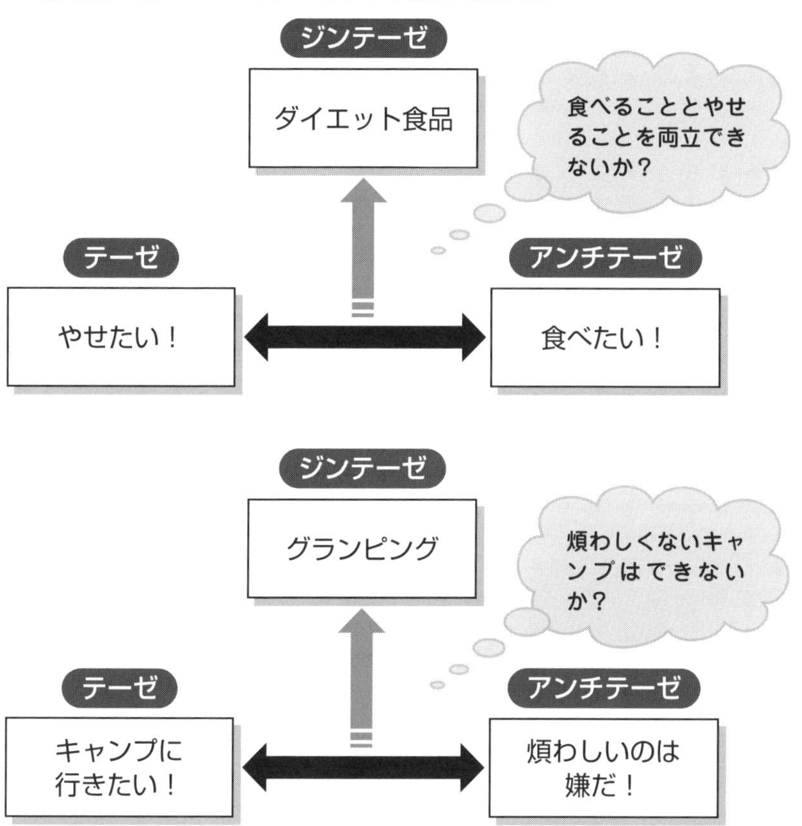

34 メリット・デメリット法
～プラス・マイナスの両面で整理する～

メリット・デメリット法とは

「メリット・デメリット法」は、**メリットとデメリットの２軸で物事を整理するフレームワーク**です。とてもシンプルな方法ですが、意思決定前の情報整理でよく使われます。

たとえば、あなたの友人が「会社員を辞めて起業する！」と言ったとしましょう。「起業すれば自由だし、自分のやりたいことができるし、報酬だって青天井だし…」と、起業のメリットを語ります。

でも、起業するかどうかは、人生の大事な決断。メリットだけでなくデメリットも整理してみましょう。

起業すれば、報酬が不安定になったり、開業資金が必要になったり、場合によっては大きな借金を抱えることもあります。メリットとデメリットの両面を整理したうえで、冷静に意思決定することが大切です。

メリット・デメリット法のよいところは、事前にデメリットを把握できることです。「こういうデメリットがある」と事前にわかっていれば、対策を考えることができます。「こんなはずではなかった」という事態を防ぐことにもつながります。

人生は決断の連続

「どの会社に就職しようか」「転職しようかな」「起業したいな」「結婚したいな」「持ち家がほしいな」「マンションと一戸建てのどっちがいいかな」…、人生は決断の連続です。仕事でも「新規事業に進出するか」「撤退するか」「あの会社と提携するか」「人の採用を増やすか」…と、判断に迷うこともあるでしょう。

メリット・デメリット法を使って、**プラス・マイナスの両面から整理**してみましょう。

◎メリット・デメリット法の使い方◎

<使い方①…起業したい！>

	起業すると…
メリット	●方針を自分で決められる ●時間を自由に使える ●大きな成功の可能性がある
デメリット	●収入が安定していない ●起業に資金が必要 ●大きな失敗の可能性がある

<使い方②…新規出店予定地の選定>

	新規出店予定地	
	A　案	B　案
メリット	●駅前で人通りが多い ●駐輪場から近い	●家賃が○○円で安い ●初期投資が少ない
デメリット	●家賃が○○円と高い ●近くに競合店がある	●人通りが少ない ●店舗が狭い

メリット・デメリットの両面で整理することが大事だわね

デメリットを事前に理解しておけば、「こんなはずではなかった」ということが防げるよ

35 ペイオフ・マトリクス
～優先順位を整理する方法～

ペイオフ・マトリクスとは

複数の選択肢があるときに、よく使われる決定法が「多数決」です。「A案に10票、B案に５票、C案に８票。よってA案に決定しました」という形です。

でも、もっと合理的に判断する方法があります。それが「ペイオフ・マトリクス」や次項の「意思決定マトリクス」です。

ペイオフ・マトリクスは、**「効果（高い⇔低い）」「実現性（高い⇔低い）」の２つの軸で整理する方法**です。効果が高く、実現性も高い（容易に実現できる）選択肢が優先されます。

たとえば、あるスーパーで顧客満足度の向上策を検討したとしましょう。「店舗を改装してきれいなお店にする」や「販売価格を引き下げる」などは、顧客満足度の向上につながるでしょう。

しかし、コストの問題があり、実現性が高いとはいえません。「明るい挨拶をする」とか「レジ待ちの時間を短縮する」であれば、比較的容易にできて、顧客満足度の向上につながるかもしれません。

ペイオフ・マトリクスで整理することで、優先して取り組むべきことが明確になるわけです。

ペイオフ・マトリクスの注意点

ペイオフ・マトリクスは、「効果」「実現性」の２つの軸で整理するシンプルな方法です。**会議で出たアイデアの優先順位を、手軽に整理するとき**に向いています。

しかし、「新規事業を検討する」のように、より精度の高い判断が求められる場合は、ペイオフ・マトリクスでは不十分です。「想定されるリスクはどうか？」「既存事業との相乗効果はどうか？」など、多面的に判断する必要があります。より精度が高い判断が必要な場合は、次項の意思決定マトリクスを活用しましょう。

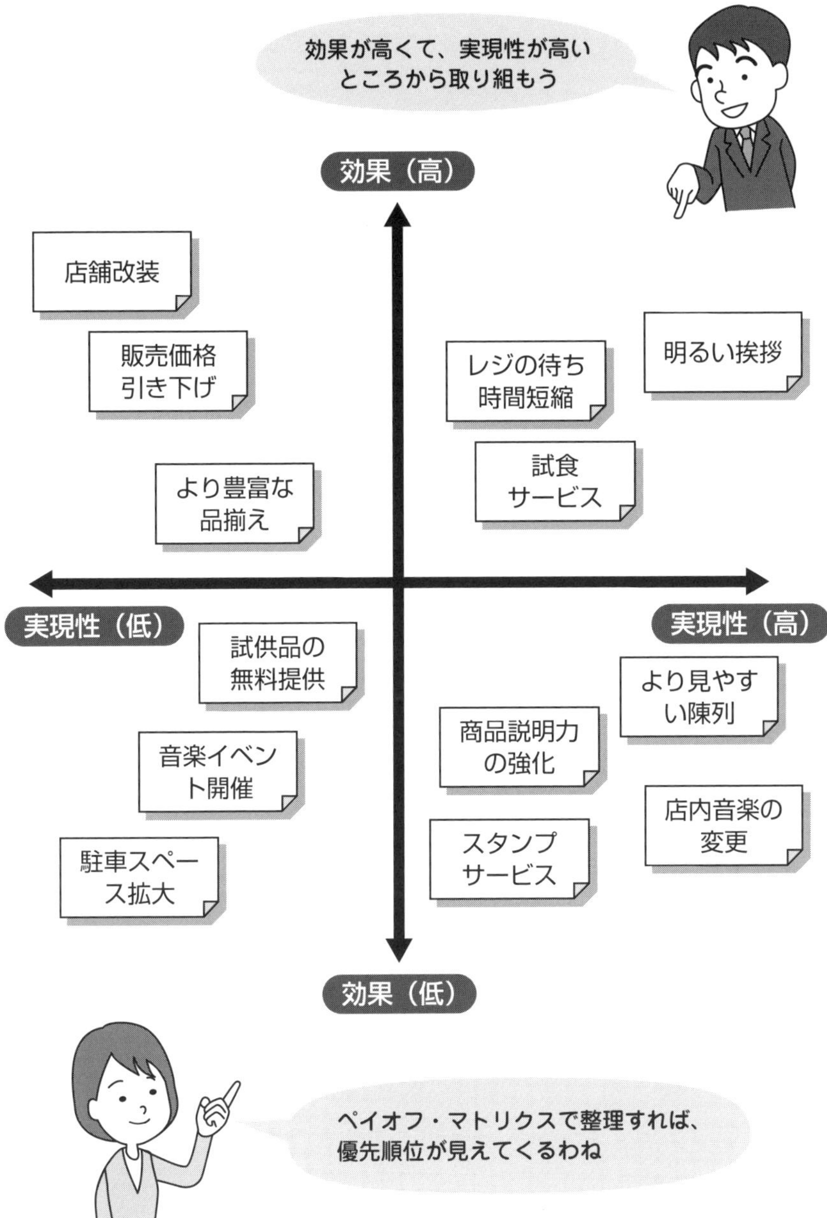
◎ペイオフ・マトリクスの使い方◎
<スーパーの顧客満足度の向上策を検討する場合>
効果が高くて、実現性が高いところから取り組もう
効果（高）
店舗改装
販売価格引き下げ
より豊富な品揃え
レジの待ち時間短縮
明るい挨拶
試食サービス
実現性（低）
実現性（高）
試供品の無料提供
音楽イベント開催
駐車スペース拡大
より見やすい陳列
商品説明力の強化
店内音楽の変更
スタンプサービス
効果（低）
ペイオフ・マトリクスで整理すれば、優先順位が見えてくるわね

36 意思決定マトリクス

～精度が高い意思決定法～

意思決定マトリクスとは

「意思決定マトリクス」は、**多数決で決めるよりも納得感があり、前項の「ペイオフ・マトリクス」よりも精度が高い整理法**です。意思決定マトリクスでは、評価基準を明確にして判断します。

たとえば、新規事業の案が3つあったとしましょう。まずは、選定するための基準を明確にします。「実現可能性」や「投資費用」や「期待できる利益」などがあげられるでしょう。

次に、3つの案を選定基準に当てはめて評価します。すると、「A案63点、B案57点、C案66点。よってC案に決定しました」のような結論を導き出すことができます。

意思決定マトリクスのよいところは、**評価する基準が明確になること**です。「なんで彼の案が選ばれたんだ」「私の案のほうがよかったのに」といった不満を防止することができます。

評価基準で結果が変わる

意思決定マトリクスで大切なのは、「**どんな評価基準にするか**」です。評価基準の項目、配点（重みづけ）で選定結果は変わります。

アイデア出しをしたり、公募で何かを募集したりするときは、先に評価基準を決めておくと、出てくるアイデアは変わります。

たとえば、レストランで新メニューを開発するとしましょう。「味」「コスト」「見た目」等の評価基準のなかで、何が重要か（配点が高いか）によって、出てくるアイデアが変わります。

「コスト」重視であれば、低価格の食材を使ったメニューが出てくるでしょう。「見た目」重視であれば、インパクトがあって写真に撮りたいようなメニューが出てくるでしょう。評価基準でアイデアも変わるわけです。

◎意思決定マトリクスの使い方◎

<新規事業の選定の場合>

	配点	A案	B案	C案
実現する可能性	30点	24点	15点	21点
期待できる利益	20点	8点	10点	16点
投資にかかる費用	20点	14点	12点	12点
経営理念との整合性	20点	11点	11点	14点
既存事業との相乗効果	10点	6点	9点	3点
合　計	100点	63点	57点	66点

どんな評価基準にするかで、選定結果は変わってくるわね

公募の場合は、評価基準を事前に決めて、公開しておくこともあるよ

<評価基準によって、出てくるアイデアは変わる>

新メニューのアイデア募集！

<評価基準>

①味	30点
②食材コスト	**40点**
③調理時間	20点
④見た目	10点

新メニューのアイデア募集！

<評価基準>

①味	20点
②食材コスト	20点
③調理時間	10点
④見た目	**50点**

安い食材のメニューを考えたいわ

見た目のインパクトを優先しよう

脳のなかで嵐を起こす

▶アイデア発想の方法

集団でアイデア出しをするときに、よく使われるのが「ブレインストーミング」（ブレスト）です。

脳（ブレイン）のなかで、嵐（ストーミング）を起こすイメージで、たくさんのアイデアを生み出すことができます。「画期的な新サービスを生み出そう」とか「創造的な解決策を考えよう」などの場面で役に立ちます。

▶ブレストの４つのルール

ブレインストーミングには、４つのルールがあります。

１つめは「質より量」です。アイデアの質は求めず、たくさんのアイデアを出すことに注力します。アイデアをたくさん出せば、ライバルが思いつかないような画期的なアイデアが見つかる可能性が高まります。

２つめは「批判厳禁」です。「それは違うんじゃない」と否定されると、アイデアは出なくなります。「なるほど」「面白い」などと盛り上げれば、アイデアが出やすい雰囲気をつくれます。

３つめは「結合改善」です。他の人のアイデアを受け止め、「それがあるなら、こういうのもあるね」と、乗っかっていきます。出てきた意見は、ホワイトボード等に別々に記録します。

４つめは、「自由奔放」です。アイデアの範囲を狭めず、発想の幅を広げます。自分が宇宙人になったつもりで、突拍子のないアイデアを出すのも、ありです。そんななかから、画期的なアイデアが出てくることもあります。

ブレインストーミングの４つのルール

質より量　批判厳禁　結合改善　自由奔放

計画作成・目標達成で使える フレームワーク

37

マズローの欲求５段階説

～生理的欲求から自己実現欲求へ～

マズローの欲求５段階説とは

「欲求５段階説」は、アブラハム・マズロー（アメリカの心理学者）が提唱した考え方です。①**生理的欲求**、②**安全欲求**、③**社会的欲求**、④**承認（尊厳）欲求**、⑤**自己実現欲求の５段階で構成**されています。

自らの目標設定はもちろん、社員のモチベーション向上や顧客ニーズの把握でも活用できます。

低次の欲求から高次の欲求へ

①生理的欲求は、生命を維持したいという基本的・本能的な欲求です。たとえば、「食べ物がほしい（食欲）」「眠りたい（睡眠欲）」が生理的欲求です。

②安全欲求は、安全に生活したい、危険を回避したいという欲求です。たとえば、「雨漏りしない家に住みたい」「ケガや病気を避けたい」が安全欲求です。

③社会的欲求は、他人と関わりたい、集団に所属したいという欲求です。たとえば、「会社に入りたい」「家族や仲間をつくりたい」という欲求が社会的欲求です。

④承認（尊厳）欲求は、誰かに認められたい、尊敬されたいという欲求です。たとえば、「昇進したい」「トップの営業成績を取りたい」という欲求が承認（尊厳）欲求です。

⑤自己実現欲求は、自分の能力を発揮したい、成果を出したいという欲求です。たとえば、「自分の夢を叶えたい」「理想の自分になりたい」という欲求が自己実現欲求です。

マズローの欲求５段階説では、**低次の欲求が満たされると高次の欲求を求める**とされています。まずは、生理的欲求や安全欲求を満たし、そこから高次の欲求に移っていきます。

◎マズローの欲求５段階説の５つの欲求◎

欲求	
⑤自己実現欲求	夢を叶えたい
④承認（尊厳）欲求	認められたい
③社会的欲求	仲間がほしい
②安全欲求	安全に暮らしたい
①生理的欲求	食べ物がほしい

＜たとえば、社員のモチベーション向上を検討するときに…＞

会社に所属して、給料をもらうのは嬉しいけれど…

承認欲求を満たしたり、自己実現を応援するような取組みも検討してみよう

38 Will・Can・Must
～何をやりたいか、何ができるか～

Will・Can・Mustとは

「Will・Can・Must」は、**Will（やりたいこと）・Can（できること）・Must（やるべきこと）で整理するフレームワーク**です。Will・Can・Mustが重なった領域で仕事をすれば、モチベーションが高まり、成果にもつながります。

会社や組織に属している場合は、自分がやりたい仕事（Will）とやらなければならない仕事（Must）が一致しないこともあるでしょう。「商品開発の仕事がしたい。でも、営業の仕事が与えられている」というような場合です。

自分がやりたい仕事をするためには、まずはその仕事ができる能力（Can）が必要です。商品開発の仕事を任せてもらえるように、マーケティングの知識を身につけたり、デザイン力を高めたりします。そうやって能力を磨けば、いつか商品開発を任せてもらえるようになるかもしれません。

Will・Can・Mustが重なった領域で仕事をするためには、自分自身の努力も大切です。

Will・Can・Mustは変化する

これから就職したり、転職したりする場合は、何をやりたいか？（Will）を考えるでしょう。「海外で働きたい！」と思えば、それに合わせた会社・仕事を選ぶことになります。もちろん、「語学を磨く」のようなCanを広げる取組みも必要でしょう。

Will・Can・Mustは、それぞれ変化します。20歳代でやりたいことと、50歳代でやりたいことは違うかもしれません。現在できないことでも、努力をすればできるようになるかもしれません。

Will・Can・Mustを**固定的に考えず、そのときどきに応じて柔軟にバランスをとること**も大切です。

◎Will・Can・Mustの考え方◎

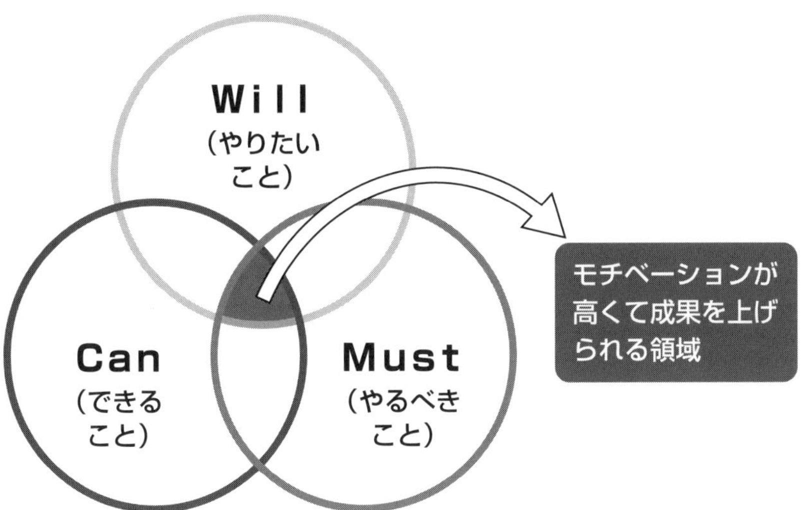

<Will・Can・Mustを一致させる>

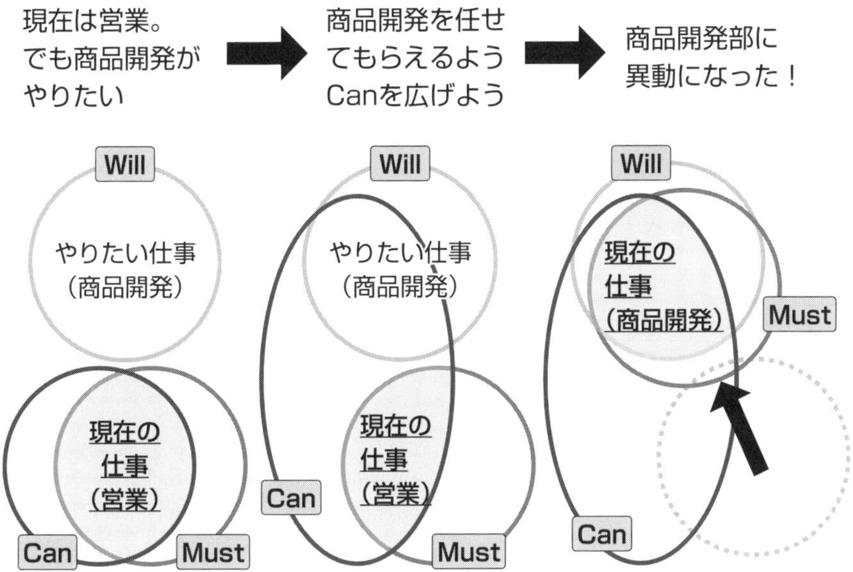

39 ジョハリの窓
～自分が知らない自分を見つける～

ジョハリの窓とは

「ジョハリの窓」は、**自己理解・相互理解に使えるフレームワーク**です。「**自分から見た自分**」と「**他者から見た自分**」を４つの窓**に分けて整理**します。自分も他者も知っているのが「開放の窓」、自分は知っているが他者は気づいていないのが「秘密の窓」、他者は知っているが自分は気づいていないのが「盲点の窓」、自分も他者も知らないのが「未知の窓」です。

開放の窓が大きいと

「開放の窓」が大きい人は、文字どおりオープンな性格の人です。自己認識と他者認識のズレが少ない状態です。自分のことを周囲に伝え、他者も自分を理解しています。「上司や同僚は、自分のことをよくわかっている」という人は、開放の窓が大きい状態かもしれません。

そんな人でも、隠し事の１つや２つはあるものです。他者が気づいていない「秘密の窓」です。ここには、人には言えない悩み・過去のトラウマ等が隠れています。信頼できる人に自己開示して、理解してもらえれば、心が軽くなることもあります。

注意したいのが「盲点の窓」です。他者は知っているが自分は気づいていない窓です。この窓には、よいことも悪いことも隠れています。たとえば、自分では気づいていなかった「強み」が隠れているかもしれません。**他者から言われて初めて「自分にはこんな強みもあったんだ」と気づいた**りします。

「未知の窓」には、あなたの可能性が秘められています。自分も他者も気づいていない窓です。「もしかしたら、こんなことが得意かもしれない」など、他者と一緒に自分の可能性を模索しても面白いかもしれません。

◎ジョハリの窓の４つの要素◎

	自分は知っている	自分は気づいていない
他者は知っている	**開放の窓**	**盲点の窓**
他者は気づいていない	**秘密の窓**	**未知の窓**

<ジョハリの窓の作成イメージ>

	自分は知っている	自分は気づいていない
他者は知っている	【開放の窓】 ●優しい ●読書が好き ●時間を守る ●たまに機嫌が悪い ●お酒が好き	【盲点の窓】 ●曲がったことが嫌い ●頼りになる ●話が面白い ●努力家 ●完璧主義
他者は気づいていない	【秘密の窓】 ●人見知り ●飽きっぽい ●楽観的 ●責任感がある ●元ユーチューバー	【未知の窓】 「未知の窓」はわからないが、「盲点の窓」が開くことで気づく可能性もある

みんなで付箋に書いて、共通認識を「開放の窓」にして整理すれば、ジョハリの窓が完成するわ

「盲点の窓」で、自分が気づいていなかった強みが見つかるかもしれないね

40 リフレーミング
～マイナスをプラスに変える～

リフレーミングとは

「リフレーミング」とは、**物事をいままでとは別の枠組み（フレーム）で見ること**です。一見マイナスのことでも、見方を変えればプラスに変わります。

たとえば、あなたの上司がとても厳しかったとしましょう。「嫌だな」「もっと優しい上司がいいな」と思っても、上司を代えることはできません。これではストレスがたまり、仕事もうまくいきません。

でも、見方を変えれば、厳しい上司のプラス面が見えてきます。「厳しく言ってもらってありがたい」「期待されているな」「鍛えられるな」など、プラスにとらえることも可能です。

好況よし、不況さらによし

経営の神様と呼ばれた松下幸之助さんは、「**好況よし、不況さらによし**」という言葉を残しました。不況は経営にとって本来マイナスです。でも、社員が危機意識を持って会社を改善するチャンスでもあります。松下幸之助さんクラスになると、好況はもちろん、不況もよいことと、とらえられるのです。

ウォルト・ディズニーは、「**人生で経験したすべての逆境、トラブル、障害が私を強くしてくれた**」という言葉を残しました。10代のときに第一次世界大戦を経験、20代では自ら立ち上げた会社が倒産し、仲間の引き抜きにも苦しみます。そんな逆境と失意のなかからミッキーマウスを生み出し、成功したウォルト・ディズニー。いまでも私たちに、夢と希望を与えています。

なお、物事の両面を整理する方法には、82ページで紹介した「メリット・デメリット法」もあります。

◎リフレーミングで物事の両面を見てみよう◎

＜逆境にもプラス面がある＞

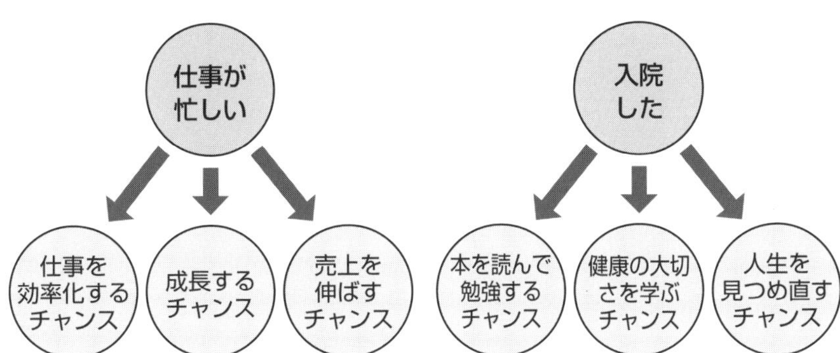

＜偉人の名言から学ぼう＞

- 好況よし、不況さらによし（松下幸之助）
- 人生で経験したすべての逆境、トラブル、障害が私を強くしてくれた（ウォルト・ディズニー）
- 私は失敗したことがない。ただ、１万通りの、うまく行かない方法を見つけただけだ（トーマス・エジソン）

41

ＡＢＣ理論

～信念が変われば結果が変わる～

ＡＢＣ理論とは

「ＡＢＣ理論」は、**出来事（Activating event）、信念（Belief）、結果（Consequence）で考えるフレームワーク**です。アルバート・エリス（アメリカの臨床心理学者）が提唱しました。

たとえば、仕事で失敗したとします。失敗すると、「自分はダメな人間だ」と落ち込むこともあるでしょう。でも、よく考えてみると、失敗しない人間なんていません。失敗は成功の母…、失敗から学んで、次の成功につなげる人もいます。そう考えると、「今回は失敗したけど、次は頑張ろう」と前向きな気持ちになったりします。

これをＡＢＣ理論で考えてみましょう。「仕事で失敗した」こと（Ａ：出来事）が「自分はダメな人間だ」という結果（Ｃ）に直接つながるわけではありません。「失敗するのはダメな人間だ」という信念（Ｂ）が、「自分はダメな人間だ」という結果（Ｃ）につなげています。

もし、「失敗しない人間はいない。失敗は成功の母だ」という信念（Ｂ）であれば、「次の成功に向けて頑張ろう」という結果（Ｃ）につながります。

信念（Belief）を見直してみる

ＡＢＣ理論で特に注目したいのは、信念（Ｂ）です。**信念が違えば、結果（Ｃ）が変わります**。「失敗してはいけない」「すべての人から好かれなければいけない」のように「～しなければいけない」が多いと、苦しくなったり身動きが取れなくなったりします。

「失敗しないに越したことはないけど、時には失敗することもあるし、失敗を次に活かせばいい」くらいの信念のほうが、前向きに行動できたりします。

◎ＡＢＣ理論の３つの要素と関係◎

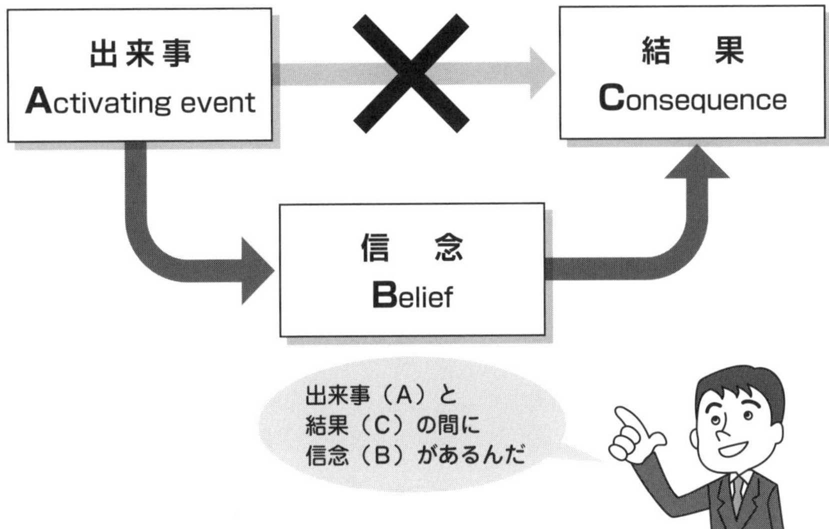
出来事
Activating event
結　果
Consequence
信　念
Belief
出来事（A）と
結果（C）の間に
信念（B）があるんだ

<ＡＢＣ理論を使った例…仕事で失敗した場合>

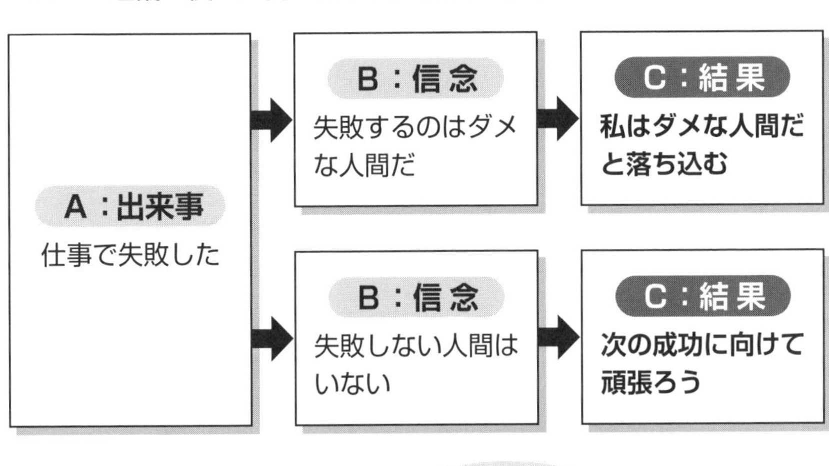
A：出来事
仕事で失敗した
B：信念
失敗するのはダメな人間だ
C：結果
私はダメな人間だと落ち込む
B：信念
失敗しない人間はいない
C：結果
次の成功に向けて頑張ろう

同じ出来事（A）でも、
信念（B）が違えば、
結果（C）が変わってくるのね

42 GROW（グロウ）モデル ～目標達成のためのフレームワーク～

GROWモデルとは

「GROWモデル」は、**目標（Goal）、現状（Reality）と資源（Resource）、選択肢（Options）、意欲（Will）の頭文字をとったもの**です。部下や同僚の支援のほか、自分自身の目標達成にも活用できます。

GROWモデルは、目標（Goal）からスタートします。「どうなりたいのか？」「どんな姿をめざすのか」を、質問しながら明確にしていきます。次に、現状（Reality）です。「目標に対して、現状はどうか？」を質問し、目標と現状のギャップを把握します。

資源（Resource）は、目標達成に向けて活用できる資源です。スキル・経験・人脈・情報・お金・時間等、さまざまな資源があり得るでしょう。選択肢（Options）は、目標（Goal）に到達するための方法です。山を登るときに複数のルートがあるように、目標に到達する方法は１つではありません。複数の選択肢のなかから、実現可能な方法を選びます。

最後は、意欲（Will）です。目標（Goal）を達成するには、意欲が欠かせません。意欲を高めて、目標に向かって進んでいきます。

定期的に活用する

GROWモデルは、自分自身にも活用できます。「自分はどんな姿をめざすのか？」（Goal）、「目標を達成するためには、どんな方法があるか？」（Options）を自分自身に問いかけます。

GROWモデルを定期的に活用すれば、**目標に向かって着実に進むこと**ができます。

新しい選択肢（Options）が出てきたり、目標に向かってどのくらい進んだかを確認したり、意欲（Will）を高めることにもつながります。

◎GROWモデルの要素◎

①	Goal（目標）	どうなりたいのか？　どんな姿をめざすのか？
②	Reality（現状） Resource（資源）	目標に対して、現状はどうなのか？ 活用できる資源（スキル・人脈・情報・お金・時間等）はないか？
③	Options（選択肢）	資源を活用して、どんな方法で目標をめざすか？
④	Will（意欲）	目標に進む意欲は高まっているか？

<GROWモデルの活用イメージ…部下の目標達成支援>

新規顧客獲得の目標は何件にしようか？

そうですね。前期の倍はやりたいと思っています

ということは20件だね。どこか紹介してくれそうな先はある？

トータルで10件程度は紹介がもらえそうです

そうか。残りはどうやって獲得するつもり？

まずは過去の見込み客リストをあたってみます。他にも……

そうか。やりきれば、今期は目標達成できそうだな

はい。頑張りますのでご指導願います！

43

SMART（スマート）
～目標を設定する５つの視点～

SMARTとは

「SMART」は、**目標設定のときに使われるフレームワーク**で、Specific（具体的）、Measurable（測定可能）、Achievable（達成可能）、Related（関連性）、Time-bound（明確な期限）の頭文字をとったものです。

たとえば、上司から「今期は営業力を強化しよう」という方向性が示されたとします。これをSMARTで考えてみましょう。

「S」（具体的）→顧客への提案力向上を目標にしよう

「M」（測定可能）→提案件数30件、成約率５割を目標にしよう

「A」（達成可能）→前期の提案件数は25件、成約率は４割だったから、努力すれば達成できる

「R」（関連性）→提案力が向上すれば、売上アップ・顧客満足度アップにもつながる

「T」（期限が明確）→６月末までに提案件数18件、９月末までに30件をめざそう

などが考えられます。最終的に「提案件数30件、成約率５割を目標とする」という形で、SMARTな目標を掲げます。

個人のスキルアップもSMARTにする

ビジネスの現場では、上位の目標（組織全体の目標・各部門の目標）が、自部門の目標・自分自身の目標とつながっています。１人よがりの目標ではなく、Related（関連性）を意識することが大切です。

個人のスキルアップの目標でもSMARTは有効です。「英語がうまくなりたい」という願望であれば、「来年末までにTOEICで○○点を取る」のようにSMARTの視点を入れて目標設定します。自分の目標がSMARTになっているかチェックしてみましょう。

◎SMARTの5つの要素◎

①	Specific（具体的）	●抽象的な言葉を定義する ●明確な表現にする
②	Measurable（測定可能）	●定量化してみる ●進捗率が数値化できる
③	Achievable（達成可能）	●現実的な目標にする ●努力すれば達成できる
④	Related（関連性）	●組織全体の目標とつながっている ●長期的な目標とつながっている
⑤	Time-bound（明確な期限）	●いつまでにやるか決める ●中間目標を設定する。

※「Assignable（割当てできる）」「Agreed upon（合意されている）」「Realistic（現実的）」「Result-Based（得たい結果にもとづく）」「Time-oriented（期限を明確にする）」を使うこともあります。

＜SMARTの活用イメージ＞

今期は営業力を強化しよう！

上司

では、提案件数30件、成約率5割を目標にします！

部下

S（具体的）➡顧客への提案力向上、提案件数・成約率をアップ

M（測定可能）➡提案件数30件、成約率5割が目標

A（達成可能）➡前期の提案件数は25件、成約率は4割、努力すれば達成可能

R（関連性）➡売上アップ・顧客満足度アップという組織の方向性と一致

T（期限が明確）➡6月末までに提案件数18件、9月末までに30件

44

ステップアップ法

～着実に目標に近づくための計画法～

ステップアップ法とは

「ステップアップ法」は、**第１段階・第２段階・第３段階…、のように、段階を踏んで目標に進んでいく計画法**です。小さな階段をつくって一歩ずつ進めば、高い目標にもたどり着くことができます。

たとえば、ある飲食店の売上目標が年１億円だったとしましょう。１年間は約52週ですから、毎週200万円の売上で、年間目標を達成できます（200万円×52週＝１億400万円）。年間１億円という目標を、週200万円×52段という小さなステップに置き換えて、１段ずつ登っていくイメージです。

資格取得のための勉強でもステップアップ法は有効です。「テキストを買う」「テキストを○ページ読む」「問題集を買う」「問題集を○ページこなす」「模擬試験に申し込む」「模擬試験で○点を取る」などと、小さなステップをつくりながら、「○○資格試験に合格する」という目標に向かって進みます。

最初は遠かった道のりも、着実に一歩ずつ進めば目標に近づいていきます。

千里の道も一歩から

「夢はあるけれど、なかなか前に進めない」という人にもステップアップ法は有効です。

海外留学したいのであれば、「留学のパンフレットを取り寄せる」をファーストステップにすればよいでしょう。起業したいのであれば、「起業セミナーがないか調べてみる」をファーストステップにしましょう。

千里の道も一歩から…、ゴールまでの道のりが見えなくてもかまいません。**次の一歩がわかれば、前に進むことはできる**のです。

◎ステップアップ法のイメージ◎

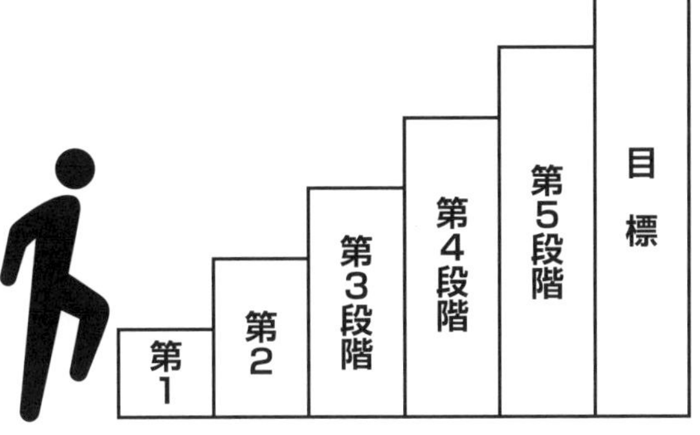

高い壁は登れない

階段にすれば登れる

＜ステップアップ法の例…資格試験の合格＞

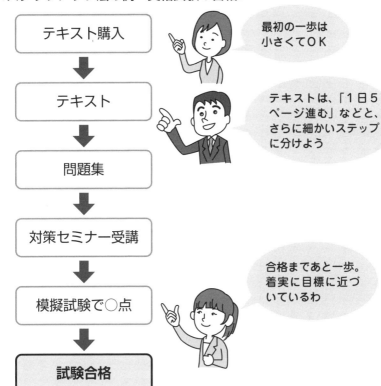

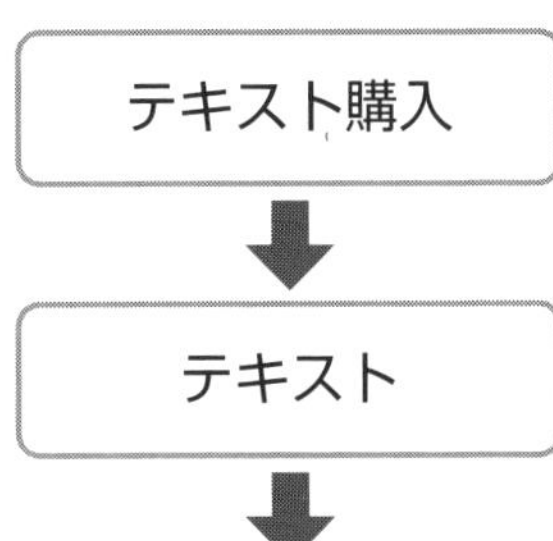

テキスト購入

最初の一歩は

テキストは、「１日５
ページ進む」などと、
さらに細かいステップ
に分けよう

問題集

対策セミナー受講

模擬試験で○点

試験合格

合格まであと一歩。
着実に目標に近づ
いているわ

45 PDCAサイクル
～マネジメントの基本サイクル～

PDCAサイクルとは

「PDCAサイクル」は、**継続的な改善・目標を達成するためのマネジメント手法**です。**「計画（Plan）→実行（Do）→評価（Check）→改善（Action）」の頭文字**をとって、PDCAサイクルと呼ばれます。

たとえば、あなたが資格取得をめざすとします。計画（Plan）では、「○年○月までに、○○資格取得」と目標を設定し、目標達成のための学習計画を作成します。作成した学習計画にもとづいて実行（Do）し、定期的に進捗を評価（Check）します。計画どおりに学習が進んでいればよいですが、進捗が思わしくないときもあるでしょう。そのときは、改善（Action）が必要です。「通勤時間でも学習しよう」とか「図書館で学習しよう」などと、改善策が出てくるでしょう。

改善策を学習計画に反映し、PDCAサイクルを回しながら、目標に近づいていくわけです。

PDCAサイクルのポイント

PDCAサイクルを回すには、**計画（Plan）を具体的に検討すること**が大切です。「営業を強化しよう」「英語力を高めよう」のような曖昧な目標では、達成できているのか評価（Check）できません。「今月の提案件数10件、成約件数５件を目標にしよう」「○年○月までにTOEIC○点以上を取ろう」のように、具体的な目標を設定することが大切です。目標設定は、前項の「SMART」を参考にするとよいでしょう。

評価（Check）する時期を、あらかじめ計画（Plan）に盛り込んでおくことも大切です。「毎週金曜日に評価する」とか「毎月１日に、前月分を評価する」のように評価時期を決めておきます。PDCAを回しながら、目標達成や業務改善を進めていきましょう。

◎PDCAサイクルの４つの要素◎

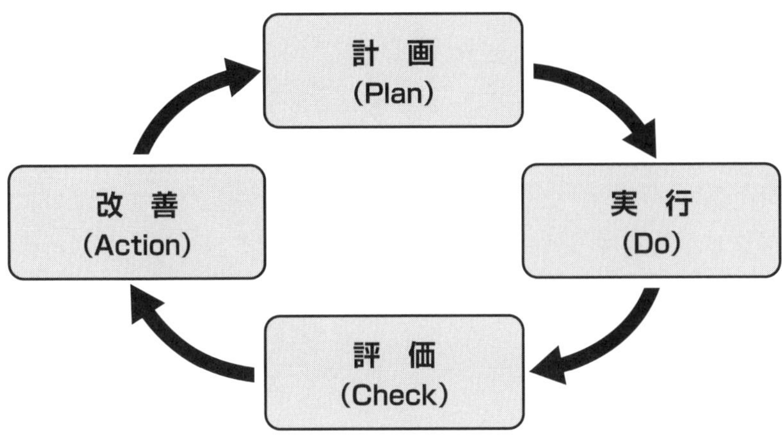

<PDCAサイクルのイメージ…資格取得の場合>

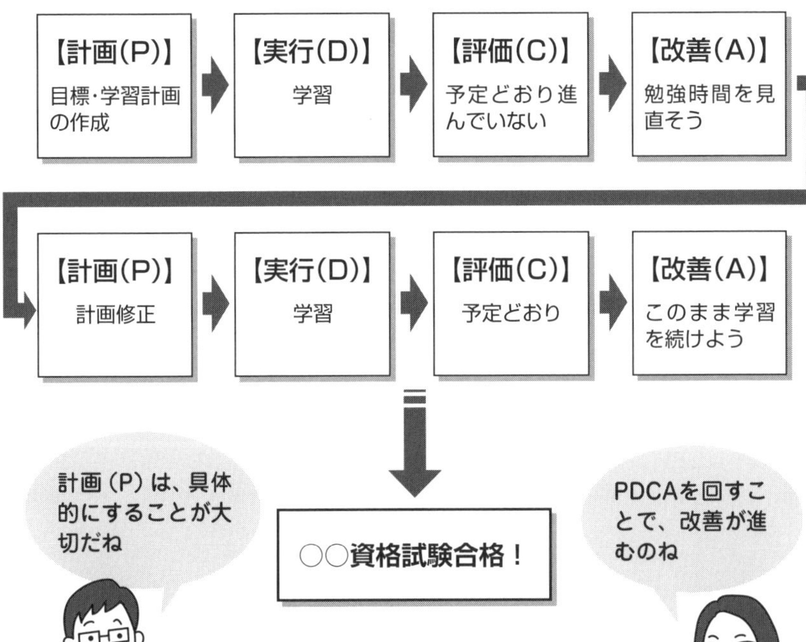

46

OODA（ウーダ）ループ
～意思決定のスピードアップ～

OODAループとは

「OODAループ」は、**先行きが読めない状況のなかで、早期に意思決定して実行するためのフレームワーク**です。「観察（Observe）→状況判断（Orient）→意思決定（Decide）→実行（Act）」の頭文字をとってOODAループと呼ばれます。

たとえば、新商品を販売するとします。最初に、「観察（O）」で市場ニーズやライバル商品を把握します。次に、「状況判断（O）」をします。「ライバル商品より質はいいな」「30歳代以上の女性に売れそう」等が見えてきます。そして次に、「意思決定（D）」です。「インターネットで、女性をターゲットにアンケート調査しよう」等と行動を決め、「実行（A）」に移します。

「実行（A）」を行なうと、次は「観察（O）」です。アンケート調査結果や追加の情報収集を行ないます。すると、「状況判断（O）」が更新されます。「30歳代の働く女性のニーズがありそう」等、よりよい状況判断ができてきます。

OODAループを高速に回す

OODAループで大切なのは、**高速でループを回していく**ことです。最初の「観察（O）」に、長い時間をかけてしまうと、状況はどんどん変化してしまいます。ライバル会社が新商品を出したり、新しい技術が開発されたりします。スピードが早い現代のビジネスでは、完璧な「観察」はあり得ません。

「意思決定（D）」にも、長い時間をかけません。不十分な情報のなかで、次の行動を決定します。たとえ実行した結果がうまくいかなくても、それを次の「観察」や「状況判断」に活かせばよいのです。高速で試行錯誤しながらビジネスを進めるのが、OODAループです。

◎OODAループの4つの要素◎

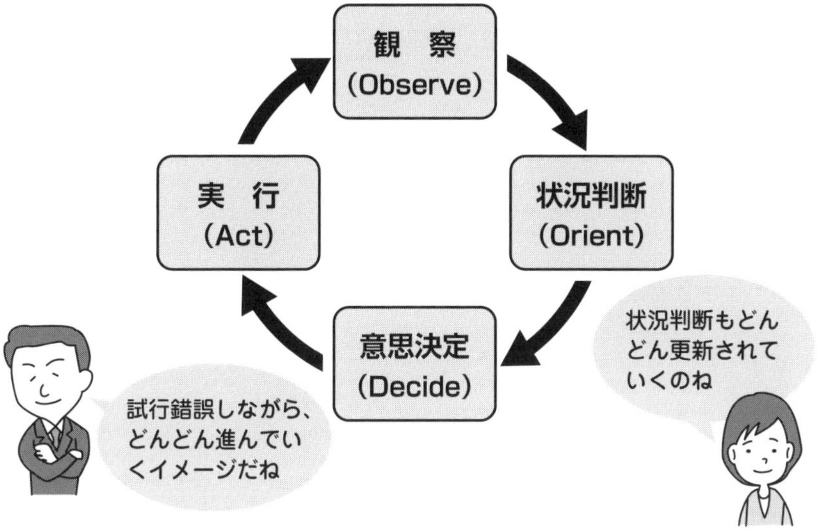

観　察
(Observe)

状況判断
(Orient)

意思決定
(Decide)

実　行
(Act)

試行錯誤しながら、どんどん進んでいくイメージだね

状況判断もどんどん更新されていくのね

<OODAループのイメージ…新商品販売の場合>

【O：観察】	【O：状況判断】	【D：意思決定】	【A：実行】
情報（ライバル商品・市場ニーズ）の収集	30歳以上の女性に売れそう	インターネットでアンケート調査しよう	アンケート実施
アンケート結果の分析、追加の情報収集	30歳代の働く女性のニーズがありそう	都内のショップでテスト販売しよう	テスト販売実施
テスト販売結果の分析、追加の情報収集	パッケージが重要、ブランド化が大事	パッケージを見直し本格販売、女性誌で広告宣伝	本格販売開始 広告宣伝実施
販売結果の分析、広告効果の分析	40歳以上の女性にも売れる、プレゼントニーズあり	別の女性誌で広告、SNSも活用しよう	雑誌広告実施 SNSによる広告の実施

47

重要度・緊急度マトリクス

～重要度と緊急度で優先順位をつける～

重要度・緊急度マトリクスとは

「重要度・緊急度マトリクス」は、**優先順位を決めるときに役立つフレームワーク**です。「重要度（高い⇔低い）」と「緊急度（高い⇔低い）」の２つの軸で整理します。

重要度・緊急度がともに高い項目は、真っ先に取り組む必要があります。「大事なお客様からクレームが来た」「基幹システムが止まってしまった」などがこれに当たります。

一方、重要度・緊急度が低い項目は、後回しにしてもよい項目です。何のためにやっているのかわからないような作業であれば、止めてしまってもよいかもしれません。

難しいのは、「重要度が高く・緊急度が低い」「重要度が低く・緊急度が高い」の優先順位です。「急ぎの仕事だから…」という理由で、緊急度重視で優先順位をつけると、重要な仕事が後回しなってしまいます。「重要度が高く・緊急度が低い」仕事を、着実に実施していくことが大切です。

重要度が高いものは何か？

何が重要かは、**ビジョン・価値観・仕事の目的等によって変わります**。

たとえば、売上を重視している会社であれば、売上につながるような行動（商談、営業資料作成等）の重要度が高いでしょう。一方、会社の基盤づくりを重視している会社は、人材育成や社内ルールづくりの重要度が高くなるでしょう。

重要度の判断に迷うときは、上司に相談することも大切です。自分個人の価値基準だけで判断するのではなく、会社としての価値基準を交えて判断しましょう。

◎重要度・緊急度マトリクスの使い方◎

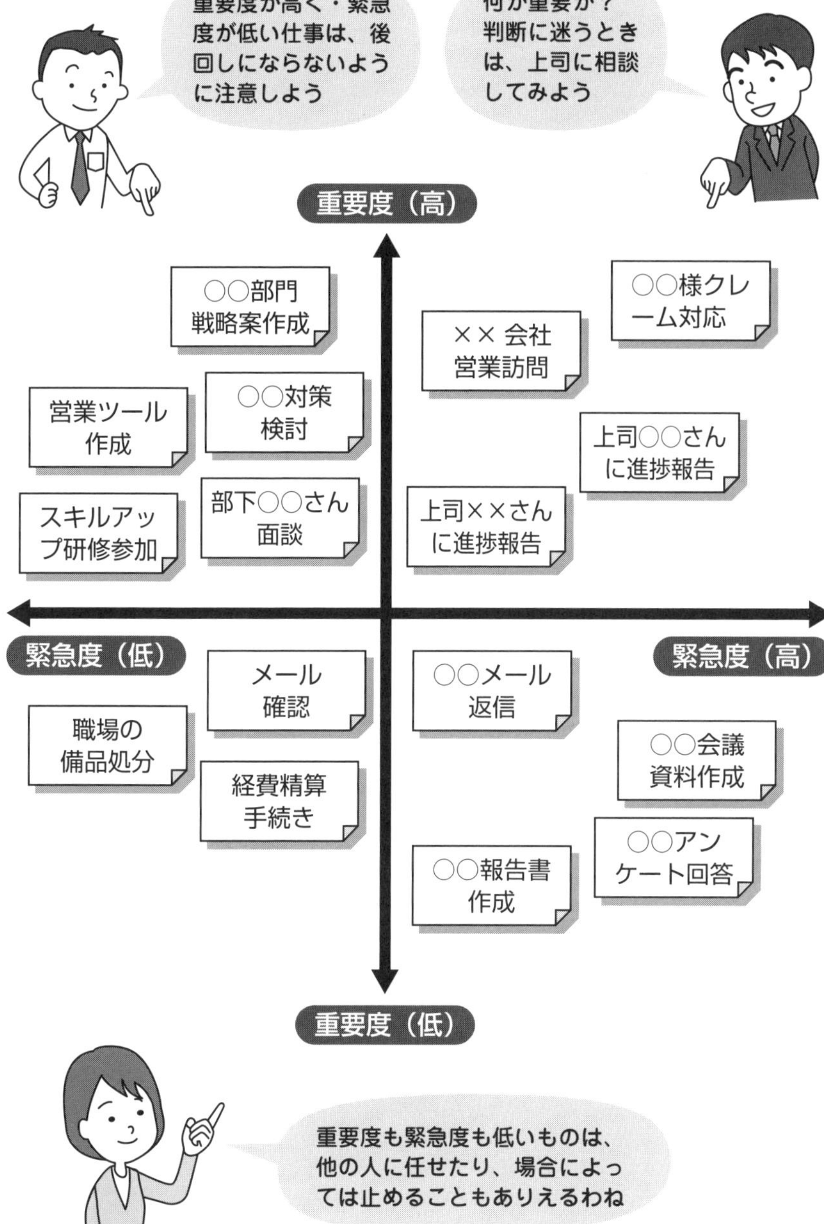

48 KGI・KPI
～ビジネスの目標を数値化して進捗管理する～

KGI・KPIとは

「KGI」（Key Goal Indicator）**は、重要目標達成指標**です。「年間売上○億円」「営業利益○万円」「利用者数○人」など、重要な数値目標を指します。

「KPI」（Key Performance Indicator）**は、重要業績評価指標**です。「平均客単価○千円」「人件費率○％」「新規利用者数○人」など、KGIを達成するために重要な数値指標を指します。

たとえば、「年間営業利益○万円」というKGIを設定している飲食店があるとしましょう。これを実現するためにはどうしたらよいか？　具体的なKPIを設定します。「来店客数○人」「平均客単価○千円」「食材比率○％」などが考えられます。

それぞれのKPIを達成するために、「駅前でチラシ○枚配布（客数増加）」「『飲み物はいかがですか』と声掛けしよう（客単価増加）」などの具体策を講じます。KPIを達成することで、最終的な目標（KGI）達成に近づいていきます。

数値化して進捗管理する

KGI・KPIのよいところは、**定量化・数値化されている**ことです。目標が具体的になり、進捗管理に利用することができます。

ビジネスや担当業務によって、使用するKPIは異なります。営業担当であれば、「顧客訪問件数」「提案件数」「成約率」等が考えられます。WEBサイト制作担当であれば、「サイト訪問者数」「滞在時間」「平均ページビュー」等が考えられます。

どんなKPIを使ったらよいか迷うときは、KPIツリーを作成するとよいでしょう。KPIツリーは、重要目標であるKGIを分解したロジックツリーです。重要目標をより具体的になるよう分解して、そのなかから重要だと考えられる項目をKPIに設定します。

◎KGI・KPIのイメージ…飲食店の場合◎

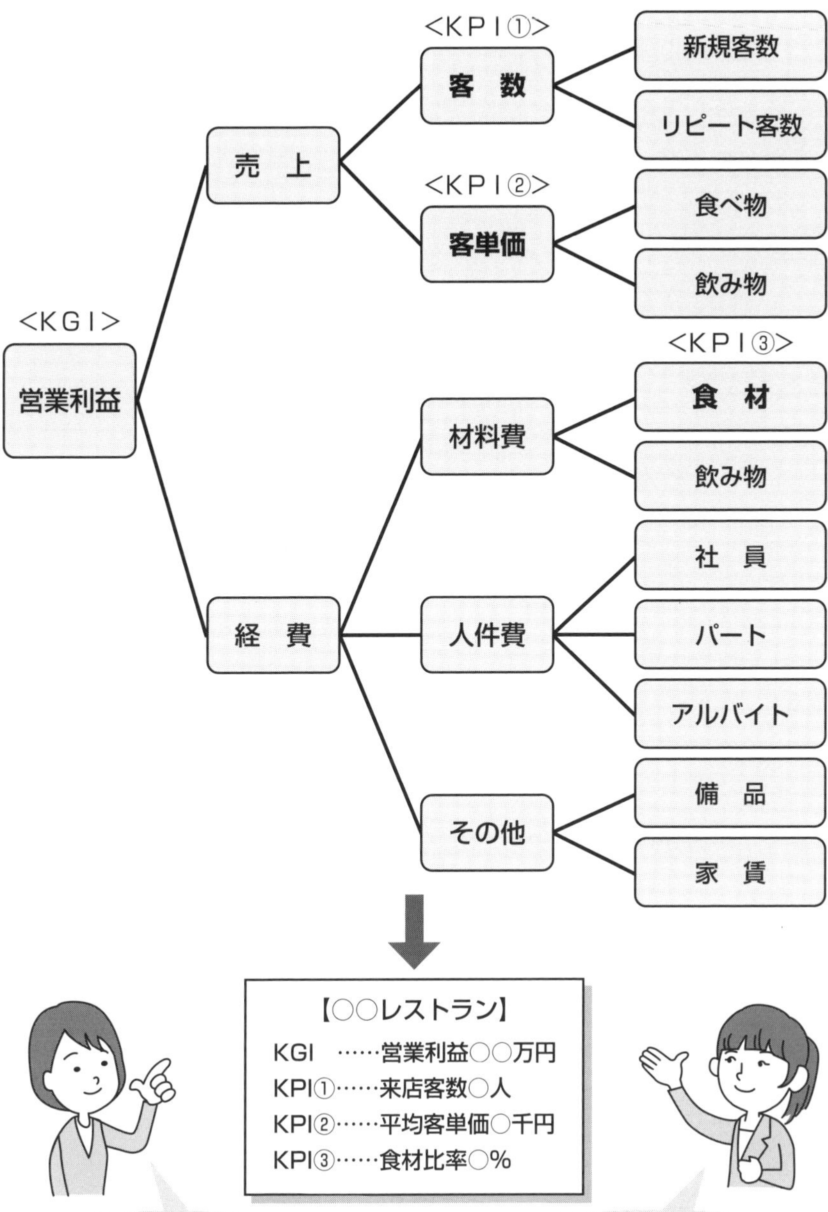

KGIを分解したもののなか
から、KPIを選ぶといいわね

上記の図を「KPIツリー」
って呼ぶのよ

49

KPT（ケプト）～定期的に振り返り、改善する～

KPTとは

「KPT」とは、①Keep、②Problem、③Tryで**整理する振り返り手法**です。よかった点や問題点を整理し、仕事の改善につなげます。１人で行なうこともできますが、職場の複数のメンバーで実施するとより効果的です。

たとえば、スーパーで現場改善するとしましょう。まずは、①Keep（よかったこと・継続すること）と、②Problem（問題だったこと）を整理します。

①Keepでは、「商品説明がうまくできた」「午前中は明るい挨拶ができた」等があがるでしょう。②Problemでは、「午後に集中力が途切れた」「レジで待たせてしまった」等があがるでしょう。

出てきた②Problemに対して、どのように改善するかを整理するのが、③Try（次に試すこと）です。「お客様が少ない時間に交代で休憩をとる」「２人以上並んだらレジ応援を頼む」などの改善策を考えます。

Tryを具体的にする

KPTは、１回実施して終わりではありません。「１週間ごとにKPTで振り返ろう」などと定期的に行ないます。Tryで試してみたことは、次のKPTで整理します。Tryした結果、うまくいったのであれば、Keepして習慣化していきます。もし、Tryした結果が好ましくなければ、別のTryを試してみます。

KPTを行なううえで大切なのは、「**Tryを具体的にする**」ことです。「頑張る」「気をつける」というTryでは、なかなか改善にはつながりません。

より具体的なTryに取り組み続ければ、仕事の改善につながるでしょう。

◎KPTの使い方◎

<スーパーでの現場改善の振り返り>

Keepはよかったところ。継続して習慣化しよう

【Keep（継続すること）】 ●商品説明がうまくできた ●午前中は明るい挨拶ができた ●手際よく陳列できた ●時間内に発注処理できた	【Try（試すこと）】 ●お客様が少ない時間に、交代で休憩をとる ●２人以上並んだら、レジ応援を頼む ●総菜の残量の確認時間・確認者を決める ●夕方割引に、サブ担当者をつける
【Problem（問題だったこと）】 ●午後に集中力が途切れた ●レジで待たせてしまった ●夕方割引の準備が遅れた ●総菜の品切れが多かった	

Tryを繰り返すことで、改善につながるのね

キャリアプランで使えるフレームワーク

▶未来の自分を描く

12ページで紹介した「As is／To be」は、キャリアプランでも使われるフレームワークです。「将来こうなりたい！」という「未来の自分（To be）」を描いて、「現在の自分（As is）」とのギャップを埋めていきます。

注意したいのは、「所属している組織の方向性」と「社会環境の変化」です。

自分のキャリアは、所属している会社・組織の方向性に影響を受けます。キャリアプランを考える場合は、「自分が所属している組織は、どんな方向に向かっているか？」も考慮する必要があります。

「社会環境の変化」も、キャリアには大きく影響します。「未来はどうなるのか？」「どんな仕事が求められるか？」について、キャリアを考えるうえで考慮する必要があります。

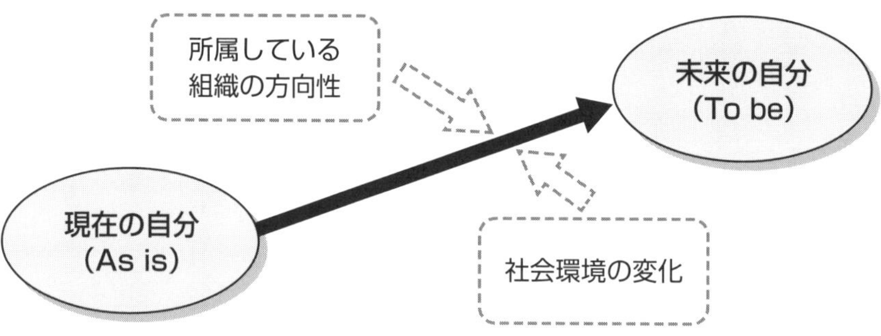

▶階段を登るように…

大きな夢は、簡単には実現しません。そこで役立つのが「ステップアップ法」（104ページ）です。どんなに高い目標でも、一歩ずつ階段を登るように進めば、いつかたどり着けるでしょう。

「As is／To be」と「ステップアップ法」は、キャリアを考えるうえでも活用したいフレームワークです。

戦略策定で使える フレームワーク

50 SWOT（スウォット）分析
～会社や事業の分析に役立つ～

SWOT分析とは

「SWOT分析」は、**会社や事業の環境分析**によく使われる手法です。**強み（Strengths）、弱み（Weaknesses）、機会（Opportunities）、脅威（Threats）の英語の頭文字をとって**、SWOT分析と呼ばれます。

内部環境（自社でコントロールできる内容）は、強み（プラス要因）と弱み（マイナス要因）の２つに分けられます。たとえば、「腕ききのシェフがいる（強み）」「自社所有の店舗を持っている（強み）」「店舗の立地が悪い（弱み）」などがあげられます。

外部環境（自社でコントロールできない内容）は、機会（プラス要因）と脅威（マイナス要因）の２つに分けられます。たとえば、「外国人観光客が増加している（機会）」「○○補助金が使えそうだ（機会）」「近くにライバル店ができた（脅威）」などがあげられます。

マイナスをプラスに

プラス要因かマイナス要因か、迷うような内容もあります。たとえば、「近くにライバル店ができた」は一般的には脅威ですが、「ライバル店が出現したことで、危機意識が高まる」とか「ライバル店が出現したことで、より高いサービスをめざすことができる」など、機会ととらえることもできます。

「**一見するとマイナスに見えることをプラスにとらえる**」「**プラスのなかに、落とし穴（マイナス面）がないか考える**」ことも大切です。

ステップアップ・アドバイス

SWOT分析から戦略案を導き出す方法が、次項のクロスSWOTです。また、SWOT分析は、自分自身の分析にも利用できますから、自分SWOT（☞122ページ）も活用してみましょう。

◎SWOT分析の使い方◎

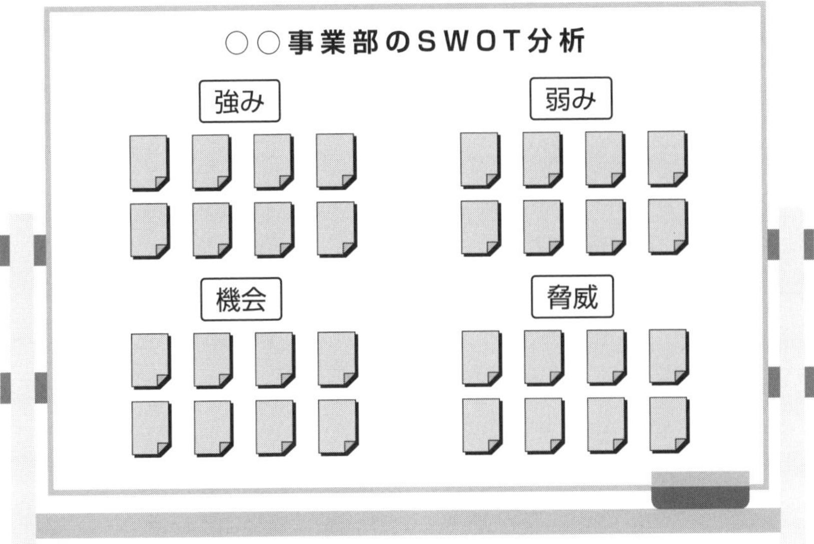

付箋に書いて、みんなで整理するのもいいわね

機会はビジネスチャンスになるから、たくさんあげてみよう

＜SWOT分析の例…レストランの場合＞

	プラス要因	マイナス要因
内部環境	強み（Strengths） ●腕ききのシェフがいる ●自社所有の店舗を持っている ●英会話ができる店員がいる	弱み（Weaknesses） ●駅前から少し離れている ●自社のホームページがない ●店舗が老朽化してきた
外部環境	機会（Opportunities） ●外国人観光客が増えている ●テイクアウトの税率が低い ●使えそうな補助金がある	脅威（Threats） ●近くにライバル店ができた ●食材の価格が上がっている ●求人倍率が高くなっている

51 クロスSWOT
～戦略案を導き出す方法～

クロスSWOTとは

「クロスSWOT」とは、前項の**SWOT分析で抽出された内部環境（強みと弱み）と外部環境（機会と脅威）を掛け合わせ、戦略案を導き出す方法**です。

クロスSWOTで大きなビジネスチャンスになるのが、「強み×機会」で導き出される「**積極戦略**」です。たとえば、「腕ききのシェフがいる」「英会話ができる店員がいる」という強みと、「外国人観光客が増えている」という機会を活かして、「外国人観光客向けのメニューを開発する」ことが考えられます。

「自社所有の店舗を持っている」という強みと、「テイクアウトの税率が低い」という機会を活かして、「入り口横にテイクアウト専用コーナーを設ける」ということも考えられます。

「強み×脅威」で導き出されるのが「**差別化戦略**」です。市場に自社の脅威となるものが存在するが、それに打ち勝つ強みもあるという領域です。

「弱み×機会」で導き出されるのが「**改善戦略**」です。自社の弱みを克服し、ビジネスチャンスをつかむ戦略です。

「弱み×脅威」で導き出されるのが「**縮小・撤退戦略**」です。迫っている脅威に対し、自社への影響を最小限にとどめる守りの戦略です。

戦略案から戦略決定へ

クロスSWOTで導き出されるのは、あくまでも戦略案、つまり戦略の選択肢です。導き出した戦略案を取るべきかどうか、**さまざまな角度から検討する必要**があります。クロスSWOTで出てきた複数の戦略案から戦略を選定する場合は、ペイオフ・マトリクス（☞84ページ）や意思決定マトリクス（☞86ページ）が有効です。

◎クロスSWOTの使い方（レストランの場合）◎

		強　み	弱　み
		●腕ききのシェフがいる ●自社所有の店舗を持っている ●英会話ができる店員がいる	●駅前から少し離れている ●自社のホームページがない ●店舗が老朽化してきた
機会	●外国人観光客が増えている ●テイクアウトの税率が低い ●使えそうな補助金がある	【積極戦略】 ●入り口横に、テイクアウト専用コーナーをつくる ●外国人向けに、新しいメニューを開発する ●外国人向けの看板を作成する	【改善戦略】 ●補助金を活用して、日本語と英語でホームページをつくる ●駅前の観光案内所にチラシを置いてもらう
脅威	●近くにライバル店ができた ●食材の価格が上がっている ●求人倍率が高くなっている	【差別化戦略】 ●シェフの腕を活かして、魅力的なメニューでライバル店と差別化する	【縮小・撤退戦略】 ●低価格志向のお客様をターゲットから外し、中・高級路線で勝負する

SWOT分析の結果をクロスする（掛け合わせる）ことで、いろいろな戦略案（戦略の選択肢）が出てくるのね

SWOT分析で「機会」をたくさん見つけておけば、クロスSWOTでたくさんの戦略案が見つかるよ

52 自分SWOT
～あなたの強みは何ですか？～

自分SWOTとは

「自分SWOT」とは、118ページの**SWOT分析を自分自身の分析に使う手法**です。SWOT分析の４項目である「強み（Strengths）」「弱み（Weaknesses）」「機会（Opportunities）」「脅威（Threats）」を自分自身に当てはめて分析・整理することで、自分自身を再認識し、今後のキャリア検討に活かします。

自分SWOTの「強み」は自分の長所、「弱み」は自分の短所です。性格・経験・スキル・資格・人脈等がここに入ります。「機会」は自分にとってチャンスになること、「脅威」は自分にとってピンチになりそうなことです。自分が働いている会社・業界・社会・法律・技術等、さまざまな外部環境の要素がここに入ります。

強みはこれから育てればよい

自分SWOT分析をしてみると、「あまり強みが見つからない」ということがあります。**強みが見つからないということは、伸びしろがある**ということでもあります。これから育てたい強みを考え、強みといえるように取り組めばいいわけです。

本当は強みがあるのに、自分では気づいていないこともあります。信頼できる人からフィードバックをもらったり、ジョハリの窓（☞94ページ）で自分の強みを探してみてもよいでしょう。

自分SWOT分析をベースにして、前項のクロスSWOTを活用すると、自分のキャリアの可能性が見えてきます。自分の強み（長所）が活かせる機会（チャンス）が見つかれば、大きな可能性につながります。

機会（チャンス）を逃さないように、しっかりとアンテナを張っておきましょう。

◎自分SWOTの使い方◎

「強み」は少なくても大丈夫。これから強みをつくっていけばいいわ

他の人からフィードバックをもらうと、自分が気づいていなかった強み・弱みが見つかるかもね

強み（長所）	弱み（短所）
●真面目な性格である ●文章を書くのが得意である ●○○業界の経験と知識がある ●社外に人脈がある ●体力に自信がある	●飽きやすい性格である ●人前で話すのが苦手である ●マネジメント経験がない ●専門資格を保有していない ●語学力がない
機会（チャンス）	**脅威（ピンチ）**
●業界全体が好況である ●若手抜擢の機会が増している ●社内に提案制度がある ●副業が認められている ●資格取得支援制度がある	●業界内の競争が激しい ●仕事で語学力が求められるようになってきた ●いまやっている仕事の一部が、人工知能に置き換わりそうだ

「機会（チャンス）」を逃さないように、日頃からアンテナを張って置こう

自分SWOTをすることで、キャリアの方向性が見えてくることもあるよ

53 PEST（ペスト）分析
～マクロ環境を分析する４つの視点～

PEST分析とは

PEST分析は、企業に影響を与える**マクロ環境を分析するフレームワーク**です。フィリップ・コトラー（アメリカの経営学者）が提唱しました。

PEST分析は、**政治（Politics）**、**経済（Economy）**、**社会（Society）**、**技術（Technology）の４つの視点で整理**します。自社でコントロールすることが難しいマクロ環境を分析して、中長期的なマーケティング戦略の策定に活かします。

PEST分析の４つの視点

PEST分析の４つの視点について、確認していきましょう。

政治（Politics）には、法律、税制、政権交代等が含まれます。たとえば、新しい法律ができることは、ビジネスチャンスになる可能性がある一方、既存ビジネスの見直しが必要になることもあり得ます。

経済（Economy）には、景気動向、物価、金利等が含まれます。たとえば、好景気が予想されるときは、ビジネスチャンスを逃さないような取組みが必要です。

社会（Society）には、人口、ライフスタイル、文化等が含まれます。たとえば、高齢化が進むことは、事業環境に大きな影響を与える可能性があります。

技術（Technology）には、ＩＴ、新技術、特許等が含まれます。たとえば、新技術はビジネスの環境を大きく変化させることがあります。

PEST分析は、**海外進出を検討するとき**にも役立ちます。その国独自の法律、宗教、文化等を調べ、ポテンシャルを把握するとともに、想定外のリスクを回避することができます。

◎PEST分析の４つの要素◎

政 治（Politics）	法改正、税制改正、政策、外交、政権交代、条例・規則、補助金・助成金等
経 済（Economy）	景気動向、各業界の景況感、株価、物価、金利、為替動向、消費動向等
社 会（Society）	人口、世帯数、ライフスタイル、流行、世論、文化、宗教、教育、環境問題等
技 術（Technology）	ＩＴ・デジタル技術動向、新製品、新技術、インフラ、研究開発、特許等

<PEST分析のイメージ>

【政治（Politics）】
- ○○法の改正
- ○○裁判の判決（○年○月予定）
- ○○大統領選挙（政権交代の可能性あり）

今度の法改正は、当社にとってビジネスチャンスだわ

【経済（Economy）】
- 来年度の国内景気は、今年度並みと予想
- 為替レートが円安見込み（来年度の想定レートは１ドル＝○○円）

為替が円安になりそうだから、輸出を増やすチャンスね

【社会（Society）】
- 労働人口が減少
- 単身世帯の増加
- 環境問題の深刻化
- ○○ブーム

環境問題が深刻化しているな。当社も対策を講じよう

【技術（Technology）】
- ○○技術が実用化
- 新サービスの○○がスタート予定
- ライバル企業が○○特許出願

○○技術が実用化されたら、当社製品にも活用しよう

54 VRIO（ブリオ）分析
～自社の経営資源を分析する～

VRIO分析とは

VRIO分析は、**競争優位の視点**で、自社の経営資源を分析する手法です。ジェイ・B・バーニー（アメリカの経営学者）が提唱しました。**「経済価値（Value）」「稀少性（Rarity）」「模倣困難性（Inimitability）」「組織（Organization）」の４項目の頭文字をとって**、VRIO分析と呼ばれます。

「経済価値」は、その経営資源が外部環境（機会や脅威）への対応に活用できるかを評価します。「稀少性」は、その経営資源の稀少性は高いか、保有する競合他社は少ないかを評価します。「模倣困難性」は、競合他社がその経営資源を獲得することは困難かを評価します。「組織」は、その経営資源を組織として活用できる体制が整っているかを評価します。

競争優位がつくれる経営資源は何か？

飲食店の経営資源をイメージしてVRIO分析で評価してみましょう。「独自の食材の仕入ルートを持っている」という経営資源は、経済価値があり、稀少性も高く、模倣困難性があり、組織として活用できるかもしれません。

一方「英語が話せるスタッフがいる」という経営資源は、訪日外国人の集客に力を入れているお店であれば、従業員を教育したり、英語の話せるスタッフを雇用しているでしょう。しかし、稀少性や模倣困難性が高いとはいえません。

経済価値（V）があり、稀少性（R）が高く、他社が模倣することが困難（I）な経営資源は、持続的競争優位の源泉です。しかし、それが組織（O）で活用されていなければ、宝の持ち腐れになってしまいます。競争優位を生み出す経営資源を、組織全体で使いこなすことが大切です。

◎VRIO分析の４つの要素◎

経済価値 （Value）	その経営資源は外部環境（機会や脅威）への対応に活用できるか？
稀少性 （Rarity）	その経営資源の稀少性は高いか？　保有する競合他社は少ないか？
模倣困難性 （Inimitability）	競合他社がその経営資源を獲得することは困難か？
組　織 （Organization）	その経営資源は組織として活用できているか？

＜VRIO分析のイメージ…飲食店の場合＞

経営資源	経済価値 （V）	稀少性 （R）	模倣困難性 （I）	組　織 （O）
数々の有名店で活躍した腕ききのシェフがいる	○	○	○	△
独自の食材の仕入ルートを持っている	○	○	○	○
駅前の好立地に自社店舗を持っている	△	○	△	○
英語が話せるスタッフがいる	○	△	△	△

VRIO分析を行なうと、競争優位をつくれる経営資源が明確になるわ

この飲食店は、「独自の食材の仕入ルートを持っている」ことが真の強みだね

55 ３C分析
～ビジネス環境を分析するフレームワーク～

３C分析とは

「３C分析」は、経営戦略やマーケティング戦略を検討するときに使われるフレームワークです。**Customer（市場・顧客）、Competitor（競合）、Company（自社）の３つのCで分析**します。

たとえば、新しくラーメン店を出店するとしましょう。Company（自社）が「ラーメンの味に自信がない」、でも「食材を安く仕入れられる」ということであれば、味にこだわりを持つCustomer（市場・顧客）をターゲットにすることは難しいです。「味よりも価格や量にこだわる」学生がCustomer（市場・顧客）であれば、ビジネスとして成り立つかもしれません。

Competitor（競合）の視点も大事です。低価格に自信があったとしても、それ以上に低価格であるお店が多いと、ビジネスとして成り立ちません。

「この場所だったら、ライバル店が少なく（競合）、ターゲットとなる学生が多く（市場・顧客）、食材を安く仕入れられる強みが活かせる（自社）」などと、３Cの視点で戦略を検討していきます。

３C分析から５C分析へ

３C分析に、**Customer's Customer（顧客の顧客）とCustomer's Competitor（顧客の競合）**を加えたのが「５C分析」です。お客様のその先まで考えて分析します。

たとえば、ホームページ制作会社は、直接のお客様を分析するだけでは、よいホームページはつくれません。お客様のお客様（ホームページの訪問者）やお客様の競合（ライバル会社のホームページ）を分析することで、より差別化されたホームページを制作することができます。

必要に応じて、５C分析も活用してみましょう。

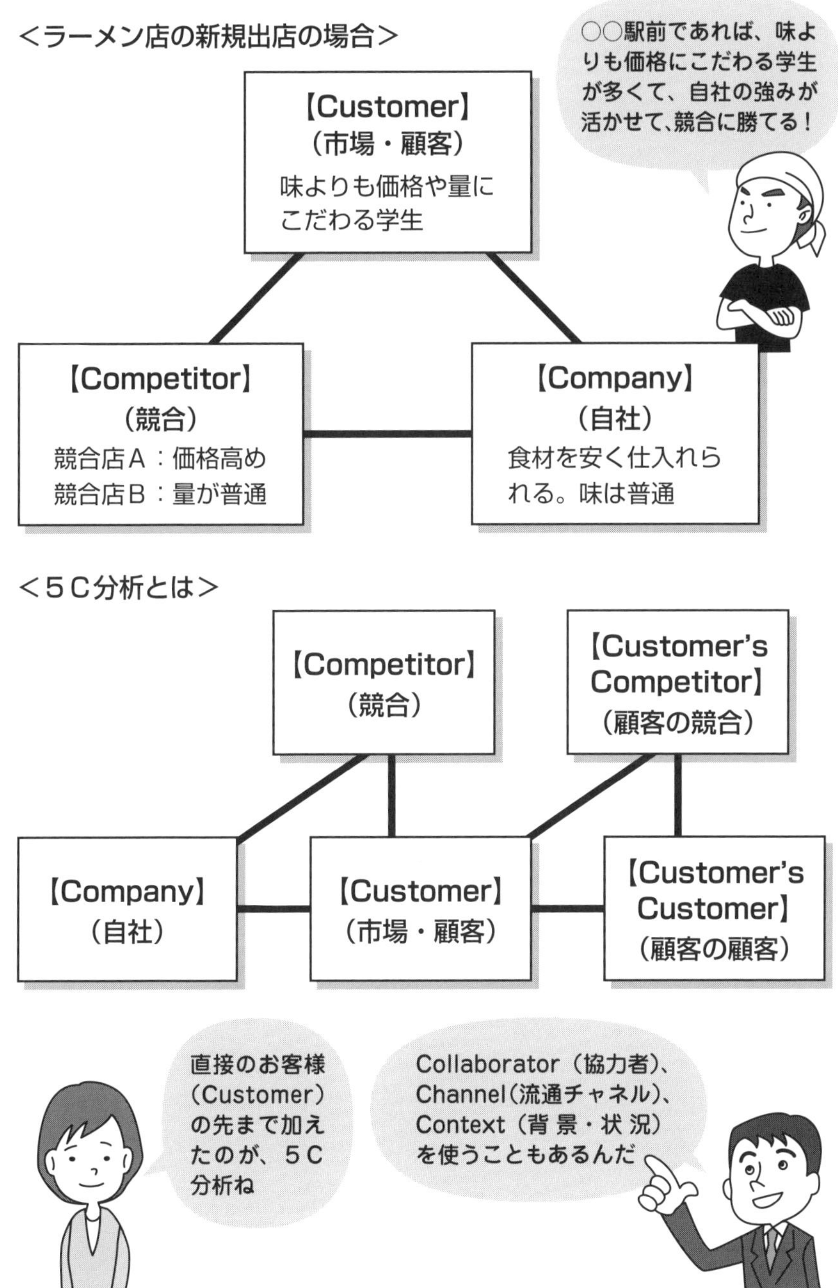
◎３Ｃ分析の３つの要素◎
＜ラーメン店の新規出店の場合＞
【Customer】
（市場・顧客）
味よりも価格や量にこだわる学生
【Competitor】
（競合）
競合店Ａ：価格高め
競合店Ｂ：量が普通
【Company】
（自社）
食材を安く仕入れられる。味は普通
○○駅前であれば、味よりも価格にこだわる学生が多くて、自社の強みが活かせて、競合に勝てる！
＜５Ｃ分析とは＞
【Competitor】
（競合）
【Customer's Competitor】
（顧客の競合）
【Company】
（自社）
【Customer】
（市場・顧客）
【Customer's Customer】
（顧客の顧客）
直接のお客様（Customer）の先まで加えたのが、５Ｃ分析ね
Collaborator（協力者）、Channel（流通チャネル）、Context（背景・状況）を使うこともあるんだ

56 コトラーの競争地位別戦略
～業界内の４つのポジション～

コトラーの競争地位別戦略とは

フィリップ・コトラー（アメリカの経営学者）が提唱した「競争地位別戦略」は、企業の業界内のポジションを**経営資源の量（多い⇔少ない）と経営資源の質（高い⇔低い）の２軸**で分類した戦略です。

「リーダー」「チャレンジャー」「フォロワー」「ニッチャー」の４つに分類され、それぞれのポジションで取るべき戦略の定石が異なります。

４つのポジションごとの戦略

「リーダー」は、その業界でのシェアがトップの企業です。経営資源の量が豊富で、質も高いです。それを活かし、全方位型の戦略展開で、市場全体の規模の拡大と市場シェアの向上を狙います（**フルライン戦略**）。

「チャレンジャー」は、その業界でリーダーに次ぐ２番手・３番手の企業です。経営資源は豊富ですが、質はリーダー企業に劣ります。リーダーに対して商品やサービスで差別化し、市場シェア拡大をめざします（**差別化戦略**）。

「フォロワー」は、経営資源の量が少なく、質も高くない企業です。リーダーやチャレンジャーを模倣することで低コスト化を図り、収益を確保します（**模倣追随戦略**）。

「ニッチャー」は、経営資源の量は少ないが、質が高い企業です。経営資源が少ないため、リーダーのような全方位型の戦略は取れません。リーダーやチャレンジャーが手を出さないニッチ（隙間）市場に対象を絞り、そのなかで競争優位を獲得します（**ニッチ戦略**）。

◎コトラーの競争地位別戦略のしくみ◎

リーダーは、豊富な経営資源を活かして、市場拡大と市場シェア向上をめざすのね

ニッチャーは、少ない経営資源でも競争できるように、対象市場を絞り込むんだ

		経営資源の量	
		多　い	少ない
経営資源の質	高い	**リーダー** 【フルライン戦略】 業界のトップ企業。顧客のあらゆるニーズに対応して、市場全体をカバーする	**ニッチャー** 【ニッチ戦略】 特定の分野・狭い分野に特化し、そのなかで競争優位を確保する
	低い	**チャレンジャー** 【差別化戦略】 業界の２番手・３番手企業。リーダーに対して差別化して、市場シェアを拡大する	**フォロワー** 【模倣追随戦略】 リーダーやチャレンジャーを模倣し、低コスト化を図って収益を確保する

チャレンジャーは、リーダーが持っていない新商品・新サービスで、シェア拡大をめざすのね

経営資源が少ないフォロワーは、リーダーやチャレンジャーを模倣することで、低コスト化を図るんだ

57 ＰＰＭ
～経営資源の最適配分を考える～

ＰＰＭとは

「ＰＰＭ」（Product Portfolio Management）は、複数の事業を持っている企業が、どの事業に経営資源を分配するか検討するのに役立つフレームワークです。

相対的市場占有率（高い⇔低い）と市場成長率（高い⇔低い）の２軸を使って、**「花形」「金のなる木」「問題児」「負け犬」に事業を分類**します。

経営資源をどの事業に投入すべきか

相対的市場占有率と市場成長率がともに高いのが「花形」です。キャッシュインは大きいが、キャッシュアウトも大きい事業です。継続的に投資を実施して「金のなる木」をめざします。

相対的市場占有率が高く、市場成長率が低いのが「金のなる木」です。市場が成熟しているため、キャッシュインが大きく、キャッシュアウトが小さい事業です。「金のなる木」で生み出したキャッシュを他の事業に投資し、次の「花形」や「金のなる木」を創出します。

相対的市場占有率が低く、市場成長率が高い領域が「問題児」です。キャッシュインが小さく、キャッシュアウトが大きい事業ですが、市場成長率が高いため、今後の成長が期待できます。相対的市場占有率を高め、「花形」をめざします。

相対的市場占有率と市場成長率がともに低いのが「負け犬」です。キャッシュインもキャッシュアウトも小さい領域です。将来の魅力が小さく、撤退を検討すべき事業です。

複数の事業を持っている企業は、ＰＰＭを活用して、どの事業に経営資源を配分するか検討するとよいでしょう。

◎ＰＰＭの４つの事業◎

（縦軸：市場成長率　高↑↓低／横軸：相対的市場占有率　高←→低）

	相対的市場占有率：高	相対的市場占有率：低
市場成長率：高	**花　形** 市場が成長中で、たくさんの投資が必要。市場シェアを獲得し、金のなる木をめざす	**問題児** 市場は成長しているが、シェアが獲得できていない。今後の投資で、花形をめざす
市場成長率：低	**金のなる木** 市場が成熟していて投資負担が少なく、大きな利益がを得られる。得た利益を、花形や問題児に回す	**負け犬** 市場は成熟しているが、シェアが低く収益も見込めない。撤退の検討が必要な事業

<ＰＰＭの活用イメージ>

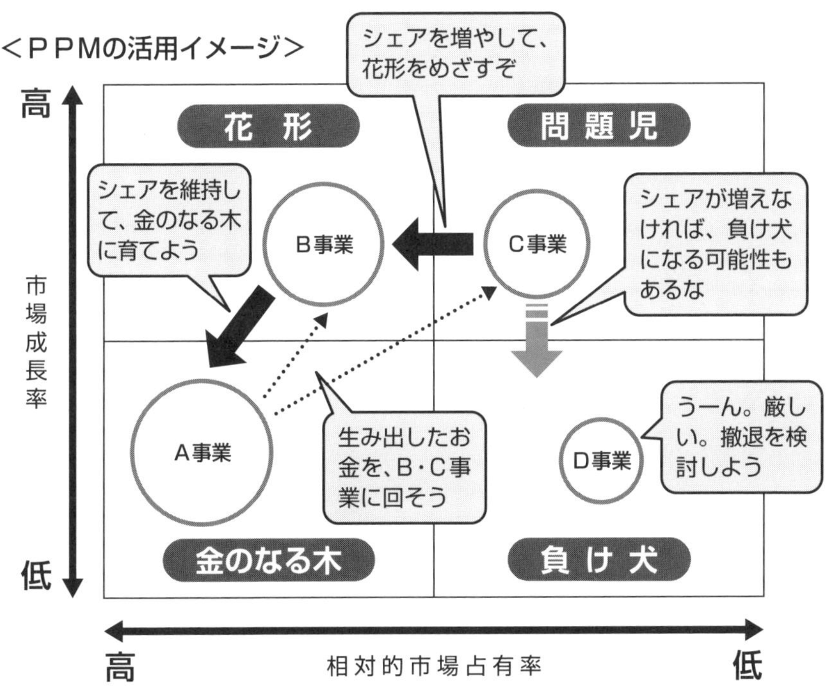

58 バリューチェーン

～付加価値の視点で企業活動を分析する～

バリューチェーンとは

「バリューチェーン」とは、**価値連鎖**のことです。製品やサービスを提供する過程において、各プロセスで発生する価値が鎖（チェーン）のようにつながり、最終的に顧客に提供する付加価値になるという考え方です。

バリューチェーンを使って分析すれば、「どのプロセスで価値を生み出しているか（自社の強み）」、「改善すべきプロセスはどこか（自社の弱み）」が見えてきます。

付加価値を生み出しているのはどこか？

バリューチェーンは、**製品・サービスの提供プロセスである「主活動」、提供プロセス全体を支援する「支援活動」、顧客に提供される付加価値を表わす「利益（マージン）」の３つから構成**されます。

製造業の場合の「主活動」は、購買物流、製造、出荷物流、販売・マーケティング等です。「支援活動」は全般管理、人事・労務管理、技術開発、調達活動等です。

バリューチェーン分析では、自社の強みや弱みがバリューチェーンのどの部分にあるか整理します。たとえば、購買物流では原材料の安定調達ができること、製造では生産を自動化していること、販売・マーケティングでは提案営業の顧客評価が高いこと、サービスでは全国にサポート体制を構築していることが、価値を生み出している強みだったりします。

バリューチェーン分析では、「コストに見合った付加価値を生み出しているか」という視点も用いられます。付加価値が少ないのに、多大なコストがかかっているプロセスを見つけて、改善するわけです。

◎バリューチェーンの構成◎

支援活動
- 全般管理
- 人事・労務管理
- 技術開発
- 調達活動

主活動
- 購買物流
- 製造
- 出荷物流
- 販売・マーケティング
- サービス

利益（マージン）

<バリューチェーンの分析イメージ…主活動部分>

購買物流	製　造	出荷物流	販売・マーケティング	サービス
長年の取引で培った仕入先との関係性から、安定的な原材料の調達ができる	業界でも最新の設備を導入しており、自動化を進めている	物流に関しては、外部の業者に委託しているので繁閑に対応しやすい	営業部門は顧客ニーズを満たす提案営業を行なっており、顧客からの評価が高い	協力会社との連携により、全国にアフターサポートの体制を構築している

これは製造業のイメージね。業界・会社によって、バリューチェーンは変わってくるわ

付加価値を生み出していない箇所は、外部に委託することも選択肢の1つだね

59 ファイブフォース分析
～競争環境を分析する５つの視点～

ファイブフォース分析とは

「ファイブフォース分析」は、マイケル・ポーター（アメリカの経営学者）が提唱した業界の**競争環境を分析する手法**です。**「買い手の交渉力」「売り手の交渉力」「業界内の競争」「新規参入の脅威」「代替品の脅威」の５つの視点で整理**します。

競争戦略（相手とどう戦うか）を考えたり、業界からの撤退や業界への新規参入を検討するときに利用されます。

競争環境が厳しくなる要因

「買い手の交渉力」は、自社の商品・サービスを購入してくれるお客様の交渉力です。どこでも買える商品であれば、買い手の交渉力は上がります。反対に稀少性が高く、他で売っていない商品であれば、買い手の交渉力は下がります。

「売り手の交渉力」は、部品や材料の調達先、販売する商品の仕入先の交渉力です。稀少性が高いものであれば、調達が難しくなり、売り手の交渉力が上がります。反対に調達が容易なものは売り手の交渉力が下がります。

「業界内の競争」は、自社と同一業界の競争状況のことです。競争が激しいのか・穏やかなのか、同業者が多いのか・少ないのかなどを把握し分析します。

「新規参入の脅威」は、その業界に新たな企業が参入する脅威のことです。設備投資等の多大な投資が必要であったり、許認可や資格の取得が必要な場合は、その業界に参入する障害（参入障壁）が高くなります。

「代替品の脅威」は、代わりとなる商品やサービスが出てくる脅威です。顧客のニーズを満たす代替品が出てきた場合、その業界の需要が代替品に取られ、競争環境が厳しくなります。

◎ファイブフォース分析の５つの要素◎

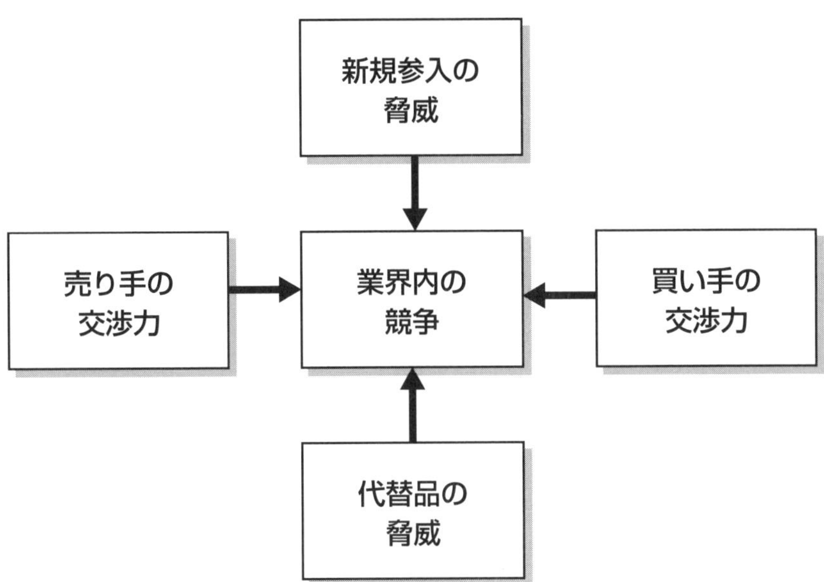

＜ファイブフォース分析のイメージ…パソコンメーカーの場合＞

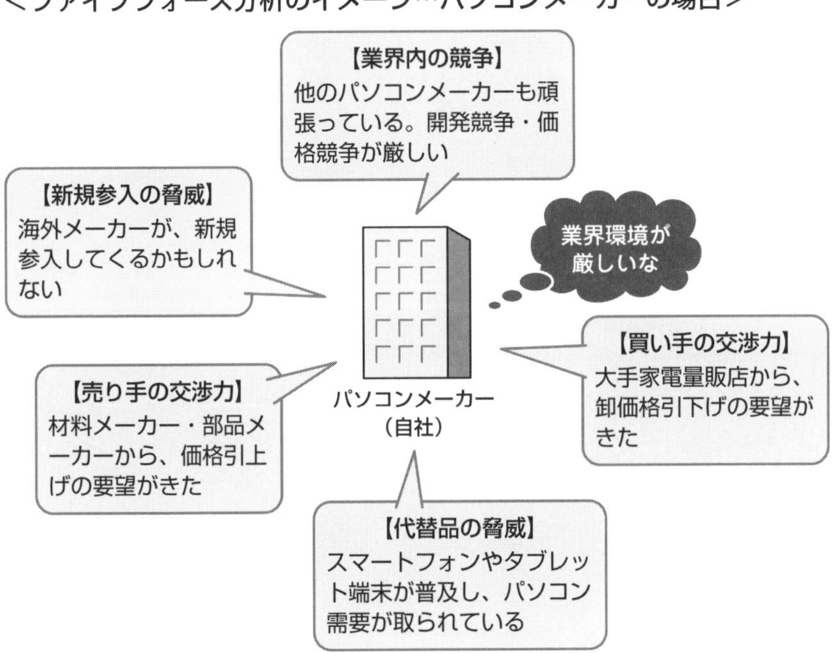

60 バランス・スコアカード
～経営目標を達成するための４つの視点～

バランス・スコアカードとは

「バランス・スコアカード」は、**経営戦略を実行するためのマネジメント手法**です。**「財務」「顧客」「業務プロセス」「学習と成長」の４つの視点で整理**します。

１つめの視点は、「財務」です。売上や利益が該当します。

２つめの視点は、「顧客」です。顧客満足度や購入頻度が該当します。

３つめの視点は、「業務プロセス」です。営業や生産等のプロセス改善が該当します。

４つめの視点は、「学習と成長」です。人材育成や社員満足度向上が該当します。

戦略マップを作成する

バランス・スコアカードの４つの視点のつながりを明確にするのが、「**戦略マップ**」です。たとえば、「財務」の視点で、売上向上という目標があったとしましょう。売上向上のためには、「顧客」の視点が欠かせません。新規顧客を獲得したり、顧客満足度を向上させることが必要です。

その顧客満足度を向上させるためには、「業務プロセス」の視点が必要です。顧客サービス体制を向上させたり、クレーム対応プロセスを改善することが必要です。

顧客サービス体制を向上させるには、「学習と成長」の視点が必要です。社員研修で顧客提案力を高めたり、社員のモチベーションを高めるような取組みが大切です。

バランス・スコアカードの特長は、文字どおりバランスが取れることです。単なる売上至上主義ではなく、**顧客目線・従業員目線を含んだバランスのよいマネジメント**につながります。

◎バランス・スコアカードの活用例◎

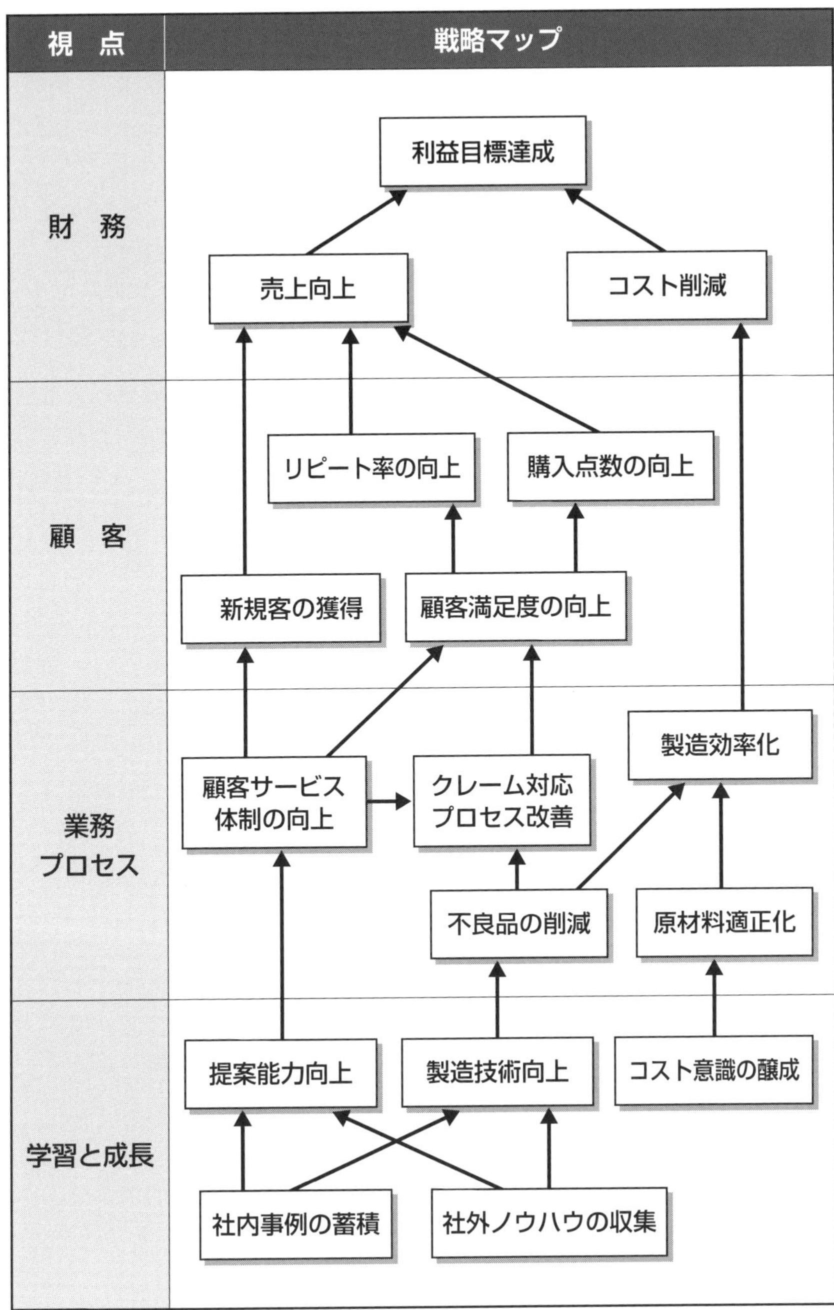

61 ポーターの３つの基本戦略
～競争戦略の基本形～

ポーターの３つの基本戦略とは

「ポーターの３つの基本戦略」は、マイケル・ポーター（アメリカの経営学者）が提唱した**競争優位を築くための基本戦略**です。

「戦略ターゲット」（広い⇔狭い）と「競争優位のタイプ」（コスト・差別化）を軸に整理されており、大きく分けると**「コスト・リーダーシップ戦略」「差別化戦略」「集中戦略」の３つに分類**されます。

どこで競争するか？ どのように競争するか？

「コスト・リーダーシップ戦略」は、広いターゲット（広い市場）に対してコスト優位で競争する戦略です。「低コストで原材料を調達できる」や「自動化して低コストで生産できる」のような強みをつくり、コスト競争力を高めて市場シェアを獲得します。

「差別化戦略」は、広いターゲット（広い市場）に対して、差別化した商品・サービスで競争する戦略です。「高品質の製品」や「独自性のあるデザイン」で差別化し、競争する戦略です。

「集中戦略」は、狭いターゲット（狭い市場）で戦う戦略です。たとえば、特定の地域、特定の顧客層に絞って競争します。

「集中戦略」は２種類あり、狭いターゲットを相手にコスト優位で競争する「コスト集中戦略」と、差別化した商品・サービスで競争する「差別化集中戦略」に分けられます。

経営資源が豊富な企業は、その**資源を活かして「コスト・リーダーシップ戦略」や「差別化戦略」を選ぶ**ことができます。一方、経営資源が限られる企業は、ターゲットを絞る「集中戦略」で勝負します。ターゲットの絞り方は、「ＳＴＰ」（☞156ページ）の考え方が、参考になるでしょう。

◎ポーターの３つの基本戦略の活用例◎

競争優位のタイプ

コスト　差別化

戦略ターゲット　広い　狭い

【①コスト・リーダーシップ戦略】

低コスト・低価格で市場シェアを獲得する

低コストで、市場のリーダーになるぞ！

【②差別化戦略】

品質・機能・ブランド等で差別化する

特長のある商品で、勝負するぞ！

【③集中戦略】

【コスト集中戦略】

特定の分野に絞って、そのなかで低コストを実現する

【差別化集中戦略】

特定の分野に絞って、そのなかで差別化する

62 アンゾフの成長ベクトル
〜成長戦略を考えるフレームワーク〜

アンゾフの成長ベクトルとは

「アンゾフの成長ベクトル」は、企業の**成長戦略を考えるときに使われるフレームワーク**です。イゴール・アンゾフ（アメリカの経営学者）が提唱しました。

「製品（既存製品・新製品）」と「市場（既存市場・新市場）」の２軸で整理するため、「**製品×市場マトリクス**」とも呼ばれます。

「市場浸透戦略（既存市場×既存製品）」「新製品開発戦略（既存市場×新製品）」「新市場開拓戦略（新市場×既存製品）」「多角化戦略（新市場×新製品）」の４つに分類して考えます。

成長するための４つの戦略

町の文房具店を例にして、成長戦略を考えてみましょう。

「商店街に買い物に来るお客様にチラシを配って文房具を購入してもらおう！」というのが**市場浸透戦略**です。これまでと同じ市場のなかで、いかに売上やシェアを伸ばすかがカギになります。

「来店するお客様に、食料品や雑貨等、文房具以外の商品も販売しよう！」というのが**新製品開発戦略**です。これまで取り扱っていなかった商品・サービスを提供して売上を伸ばします。

「インターネットショップを開設して、文房具の販売先を拡大しよう！」というのが**新市場開拓戦略**です。いままで取引のなかったお客様と取引が始まることで、売上が伸びていきます。

「隣の町で、コーヒーと軽食を提供するカフェをオープンしよう！」というのが**多角化戦略**です。他の戦略と比較してハードルは高いですが、新しい事業の柱をつくれる可能性があります。

◎アンゾフの成長ベクトルのしくみ◎

		製品	
		既存製品	新製品
市場	既存市場	【市場浸透戦略】 既存市場に既存製品を投入する戦略	【新製品開発戦略】 既存市場に新製品を投入する戦略
	新市場	【新市場開拓戦略】 既存製品で、新市場を開拓する戦略	【多角化戦略】 新市場に新製品を投入する戦略

＜町の文房具店の活用イメージ＞

		製品	
		既存製品	新製品
市場	既存市場	【市場浸透戦略】 商店街に買い物に来るお客様にチラシを配って購入してもらおう！	【新製品開発戦略】 来店するお客様に、食料品や雑貨を販売しよう！
	新市場	【新市場開拓戦略】 インターネットショップを開設して、商圏を拡大しよう！	【多角化戦略】 隣の町で、コーヒーと軽食を提供するカフェをオープンしよう！

新市場×新製品の「多角化戦略」は、少しハードルが高い戦略だね

63 損益分岐点
～目標売上や利益を検討する～

損益分岐点とは

「損益分岐点」とは、**売上高と費用の額が一致していて収支がトントンになる売上高**のことです。赤字でも黒字でもないことから、「**採算点**」ともいわれます。「どのくらいの売上があれば黒字になるか？」「どのくらいコストを下げれば黒字になるか？」など、目標売上や利益を検討するときに役立つ考え方です。

損益分岐点を求めるときは、費用を「**変動費**」（売上の増減に伴って変化する費用）と「**固定費**」（売上の増減に関係なく必要な費用）に区分します。原材料費や仕入原価等は変動費、人件費や地代家賃等が固定費です。「売上＞費用（固定費＋変動費）」になれば黒字、「売上＜費用（固定費＋変動費）」になれば赤字です。

損益分岐点を求める計算式

損益分岐点となる売上高は、次の計算式で算出できます。

損益分岐点売上高＝固定費÷｛（売上高－変動費）÷売上高｝

たとえば、売上高100億円、固定費40億円、変動費50億円の会社であれば、損益分岐点売上高は「40÷｛（100－50）÷100｝＝80億円」です。つまり、売上が80億円を上回れば黒字、下回れば赤字になります。

もし、売上が損益分岐点売上高を下回りそうであれば、対策が必要です。「原材料を見直して変動費を下げよう」とか「事務所を移転して固定費を下げよう」などといった対策に取り組みます。

損益分岐点の考え方をグラフにすると、右ページのようになります。固定費は、売上にかかわらず一定金額です。変動費は売上の増加とともに増加します。変動費と固定費の合計が売上高と交わる点が損益分岐点です。

◎損益分岐点の考え方◎

【黒字のとき】
（売上＞費用）

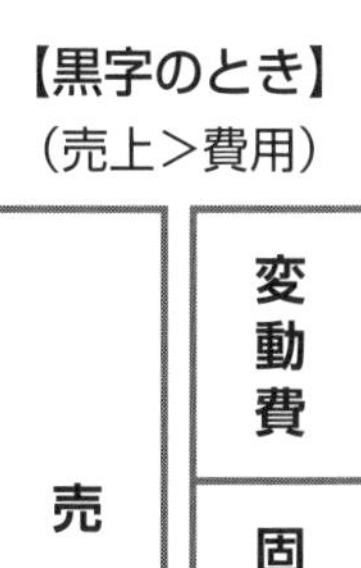

【損益分岐点のとき】
（売上＝費用）

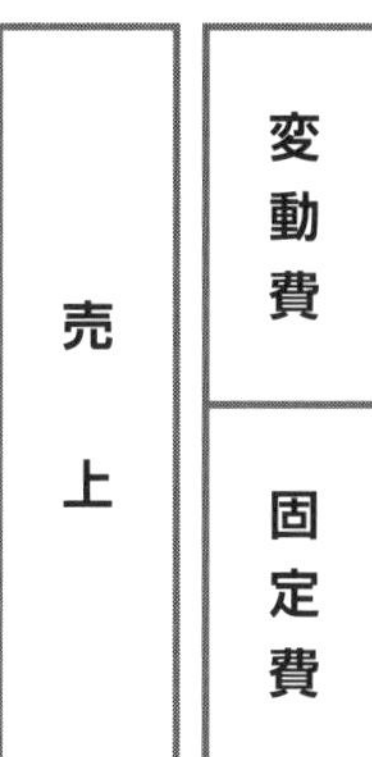

【赤字のとき】
（売上＜費用）

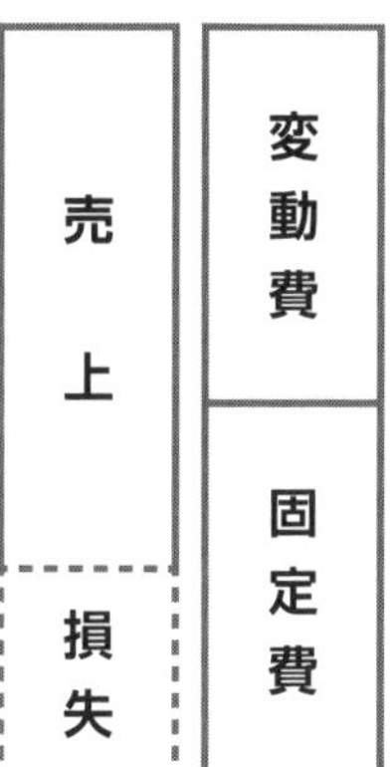

＜売上・変動費・固定費の関係をグラフにすると＞

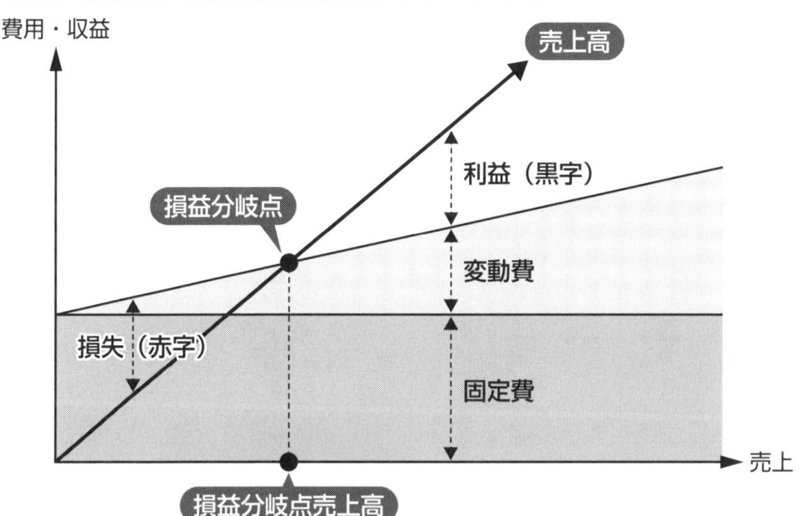

固定費は一定額、変動費は売上によって変化するのね

売上が、損益分岐点売上高を上回れば黒字、下回れば赤字になるんだ

コラム

社外で通用する力

▶将棋の「歩」（ふ）のスタイルから…

「社外でも通用する力を身につけよう」――最近よく使われるようになった言葉です。

ずっと同じ会社・同じ職場で働くのであれば、そのなかで通用すればいい。でも、いつまでも同じ会社で働けるとは限りません。自分自身の意思で転職する人もいれば、会社の事情である倒産や企業売却で環境が変わる人もいます。

いまは、社外の人と連携・協力して働くことも増えてきました。どんな環境になっても通用する人、つまり「社内だけでなく、社外でも通用する力」が求められているわけです。

以前は、社外をそれほど意識せず、「着実に成長して社内で通用する人になろう」という時代もありました。将棋でいえば「歩」という駒のスタイルです。一番弱い駒ですが、一歩ずつ進んでいくと、自在に動ける強い駒「金」に変わります。以前は、このスタイルでよかったわけです。

でも、「歩」には悲しいところがあります。「歩」から「金」に変わったとしても、相手に取られるとまた「歩」に戻ってしまうのです。新しい環境のなかで一からやり直し、一歩ずつ前に進んでいくしかありません。

フレームワークは、社内でも社外でも通用する共通言語です。「As is／To beで問題を明確にしよう」とか「５Ｗ３Ｈで情報整理しよう」というのは、どんな会社でも活用できます。フレームワークは、働く環境が変わったとしても役立つスキルです。

さらにいえば、私たちは将棋の駒ではありません。将棋の指し手のように、「どう動くか」を自分の意思で考えることができます。「将棋の駒」から「将棋の指し手」に…、自分の意思で前に進む力が求められます。

マーケティングで使える フレームワーク

64 4P（マーケティングミックス）
〜マーケティング戦略の定番フレーム〜

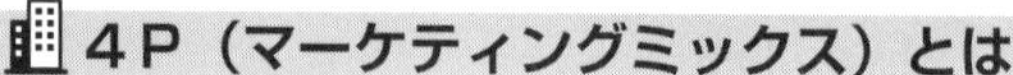

4P（マーケティングミックス）とは

「４Ｐ」は、マーケティング戦略を検討するときに使われる、定番のフレームワークです。**製品（Product）、価格（Price）、流通（Place）、プロモーション（Promotion）の英語の頭文字をとって、**４Ｐと呼ばれます。

この４つの最適な組み合わせを考えることを、「マーケティングミックス」と呼びます。

最適なマーケティングミックスを検討する

たとえば、洋菓子店をイメージしてみましょう。

どこにでもあるような洋菓子（製品）を販売するのであれば、高い価格で販売するのは難しいでしょう。でも、独自性があり、魅力的な洋菓子（製品）を販売するのであれば、高い価格で販売できるかもしれません。「製品」と「価格」は、組み合わせて考える必要があるわけです。

「流通」は、どこで販売するかです。どこにでもあるような洋菓子（製品）であっても、立地がよい場所（駅前等）であれば、たくさん販売できるかもしれません。一方、独自性があり、魅力的な洋菓子（製品）であれば、立地が悪くてもお客様は来てくれます。インターネット販売も可能かもしれません。

「プロモーション」も大切です。どんなに魅力的な洋菓子でも、その魅力がお客様に伝わらなくては、購入してもらえません。広告・口コミ・店頭での説明（セールストーク）も必要です。

「製品」「価格」「流通」「プロモーション」は、相互に関連しています。マーケティング戦略を考えるときは、**４Ｐの最適な組み合わせを検討する**とよいでしょう。

◎4P（マーケティングミックス）の考え方◎

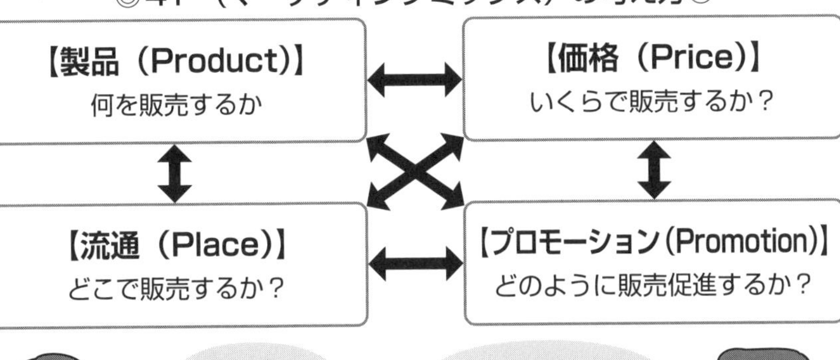

どのように販売促進するか？

プロモーションには、広告、人的販売（販売員による説明）、パブリシティ、口コミ等の方法があるんだ

＜2つの洋菓子店の活用イメージ＞

【洋菓子店A】

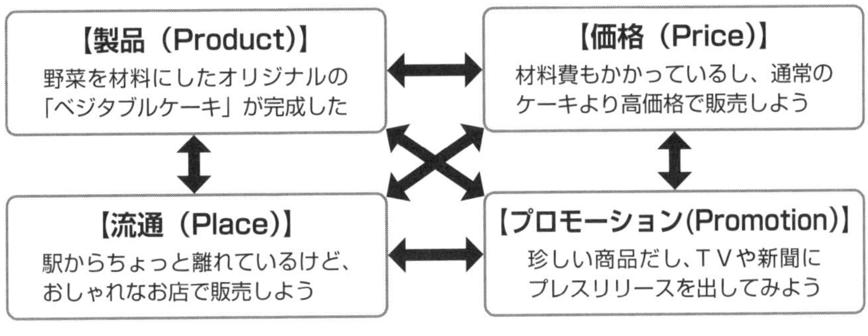

【製品（Product）】
野菜を材料にしたオリジナルの「ベジタブルケーキ」が完成した
【価格（Price）】
材料費もかかっているし、通常のケーキより高価格で販売しよう
【流通（Place）】
駅からちょっと離れているけど、おしゃれなお店で販売しよう
【プロモーション(Promotion)】
珍しい商品だし、TVや新聞にプレスリリースを出してみよう

【洋菓子店B】

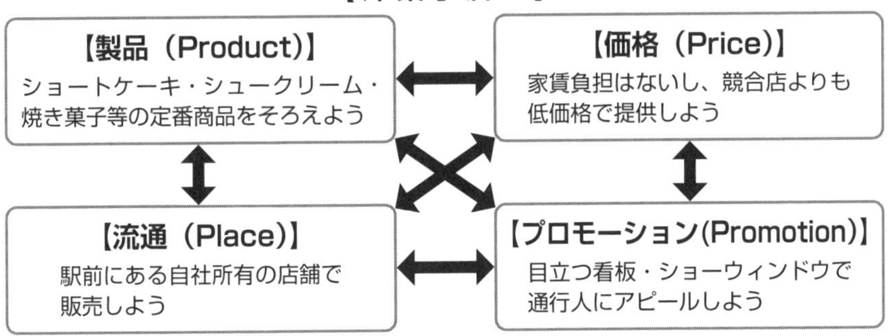

【製品（Product）】
ショートケーキ・シュークリーム・焼き菓子等の定番商品をそろえよう
【価格（Price）】
家賃負担はないし、競合店よりも低価格で提供しよう
【流通（Place）】
駅前にある自社所有の店舗で販売しよう
【プロモーション(Promotion)】
目立つ看板・ショーウィンドウで通行人にアピールしよう

65 プロダクト3層モデル
～製品の価値を考える3つの切り口～

プロダクト3層モデルとは

「プロダクト3層モデル」は、**製品企画や販売促進をするうえで役立つフレームワーク**です。製品の価値を、**「①中核」「②実体」「③付随機能」の3層で整理**します。

「①中核」は、製品の中核となるベネフィット（便益）や、顧客の本質的なニーズを満たす部分です。スマートフォンを例にすると、いつでもどこでも電話やメール、インターネット接続ができることが中核部分です。

「②実体」は、製品そのものです。ブランド、デザイン、品質、機能、パッケージ等が含まれます。スマートフォンの場合、製品のデザイン、ブランド、防水機能、アプリ等が該当します。

「③付随機能」は、製品に付随するサービスや保証です。スマートフォンの場合は、保証、配送、修理受付窓口等が該当します。

ライバル製品と比較する

お客様が商品を購入するときは、「①中核」だけで購入を判断するわけではありません。ブランドやデザイン（②実体）を重視するお客様もいますし、保証やサービス（③付随機能）を重視するお客様もいます。ライバル製品と比べて、どの部分で競争優位に立つかを検討します。

プロダクト3層モデルは、前項の**4Pと組み合わせて考える**こともあります。

たとえば、価格（Price）を高く設定する場合は、それに見合ったデザイン（②実体）、品質保証（③付随機能）を検討する必要があります。

◎プロダクト3層モデルの考え方◎

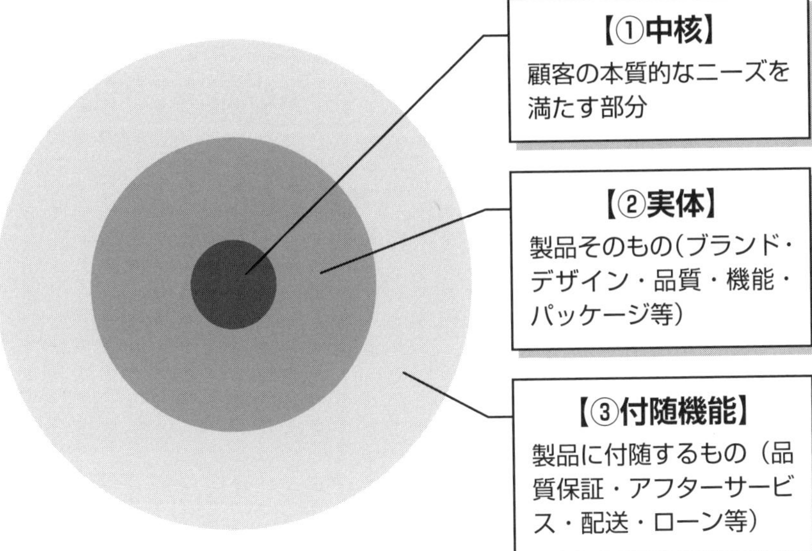

<プロダクト3層モデルのイメージ…製品別>

製品	①中核	②実体	③付随サービス
スマートフォン	電話、メール、インターネット	ブランド、デザイン、防水機能、カメラ機能、アプリ	保証、配送、修理受付窓口、問い合わせ窓口
自動車	移動、運搬	ブランド、デザイン、燃費、安全装置、インテリア	保証、自動車ローン、メンテナンスサービス

中核が大事だけれど、実体や付随サービスも、お客様が購入を判断するうえで、大切な要素だわ

ライバル製品と比較すれば、自社製品の競争優位が見つかるかもしれないね

66

プロダクトライフサイクル(PLC)

〜製品の誕生から衰退まで〜

プロダクトライフサイクルとは

「プロダクトライフサイクル」(Product Life Cycle = ＰＬＣ）は、製品の誕生から衰退までを、**「①導入期→②成長期→③成熟期→④衰退期」の４段階で整理するフレームワーク**です。それぞれの段階に合わせて、マーケティング戦略は変わり、販売促進や製品改良を検討するときに役立ちます。

①導入期は、製品を市場に投入した初期段階です。製品を知ってもらうためのプロモーション費用が必要で、収益確保が難しい段階です。

②成長期になると、製品の認知度が向上し、売上・利益が増加します。販売機会をロスしないように、供給体制を確保することも大切です。

③成熟期は、売上のピークを迎え、シェア争い・価格競争が起きやすい時期です。次の製品・改良品の投入を検討する時期でもあります。

④衰退期は、製品が市場ニーズに対応できなくなり、売上・利益が減少します。新しい製品を投入するか、それとも市場から撤退するか決断する時期でもあります。

製品によって、ライフサイクルが異なる

プロダクトライフサイクルは、その製品によって描くカーブが異なります。短い期間で導入期から衰退期までを駆け抜けるような製品もあれば、長い期間安定して売れるような製品（ロングセラー）もあります。

プロダクトライフサイクルと合わせて活用したいのが、「イノベーター理論」です。詳しくは、次項でご確認ください。

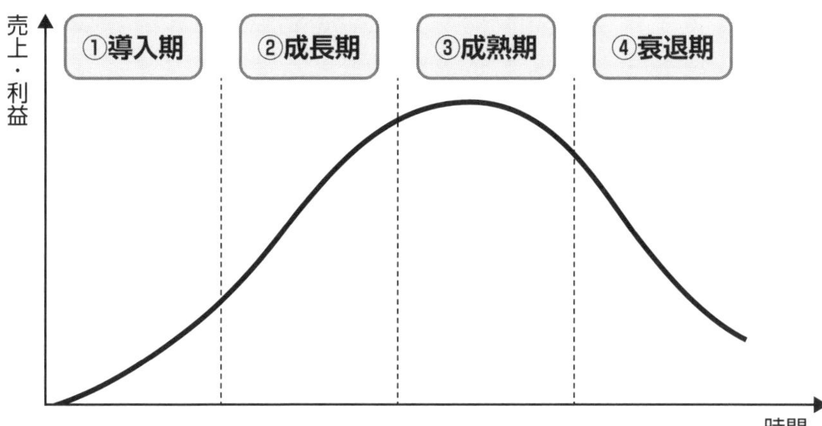

＜各段階のイメージ＞

【導入期】

- 製品を市場に投入した初期段階
- 製品を知ってもらうため、プロモーション費用が必要

広告宣伝費を投入して、新製品をアピールするぞ！

【成長期】

- 製品の認知度が上がり、売上・利益が増加
- 販売機会をロスしないよう、製品の供給体制を強化

売上が伸びてきたわ。どんどん製品を供給しよう！

【成熟期】

- 売上のピークを迎え、シェア争い・価格競争が起きやすい
- 新製品（次の製品・改良品）の投入を検討

売上が減ってきたな。シェアを維持して、利益を確保しよう！

【衰退期】

- 製品が市場ニーズに対応できなくなり、売上・利益が減少
- 新製品の投入 or 市場からの撤退を決断

この製品はもう限界。次の製品を投入しよう！

67 イノベーター理論
～新商品が普及するプロセス～

イノベーター理論とは

「イノベーター理論」は、**新商品・新サービスがどのように広まっていくかを考えるうえで役立つ理論**です。アメリカのエヴェリット・ロジャース（社会学・コミュニケーション学者）が提唱しました。

イノベーター理論では、新商品・新サービスを購入（採用）する順番に、「**①イノベーター（革新者）→②アーリーアダプター（初期採用者）→③アーリーマジョリティ（前期追随者）→④レイトマジョリティ（後期追随者）→⑤ラガード（遅滞者）**」**に分類**します。それぞれのタイプに合わせて、マーケティング戦略を検討します。

キャズムを乗り越える

新商品が発売されて、最初に飛びつくのが①イノベーター（革新者）です。新しいものが大好きで、人より先に手に入れようとします。購入した商品を自分で試し、評価します。次に購入するのが、②アーリーアダプター（初期採用者）です。新しいものが好きで、購入した商品に満足すれば、その価値を世間にアピールします。

すると、③アーリーマジョリティ（前期追随者）が製品を購入するようになり、比較的保守的な④レイトマジョリティ（後期追随者）が購入するようになります。最後に残るのが⑤ラガード（遅滞者）です。新しいものに興味がなく、購入を控えるタイプです。

新商品普及のカギになるのは、**②アーリーアダプターと③アーリーマジョリティの間にあるキャズム（深い溝（みぞ））**です。ここを乗り越えると、多数派を占める③アーリーマジョリティが購入して、大きな利益につながります。一方、キャズムを乗り越えられないと、普及率が少なく、投資回収が難しくなります。

◎イノベーター理論の考え方◎

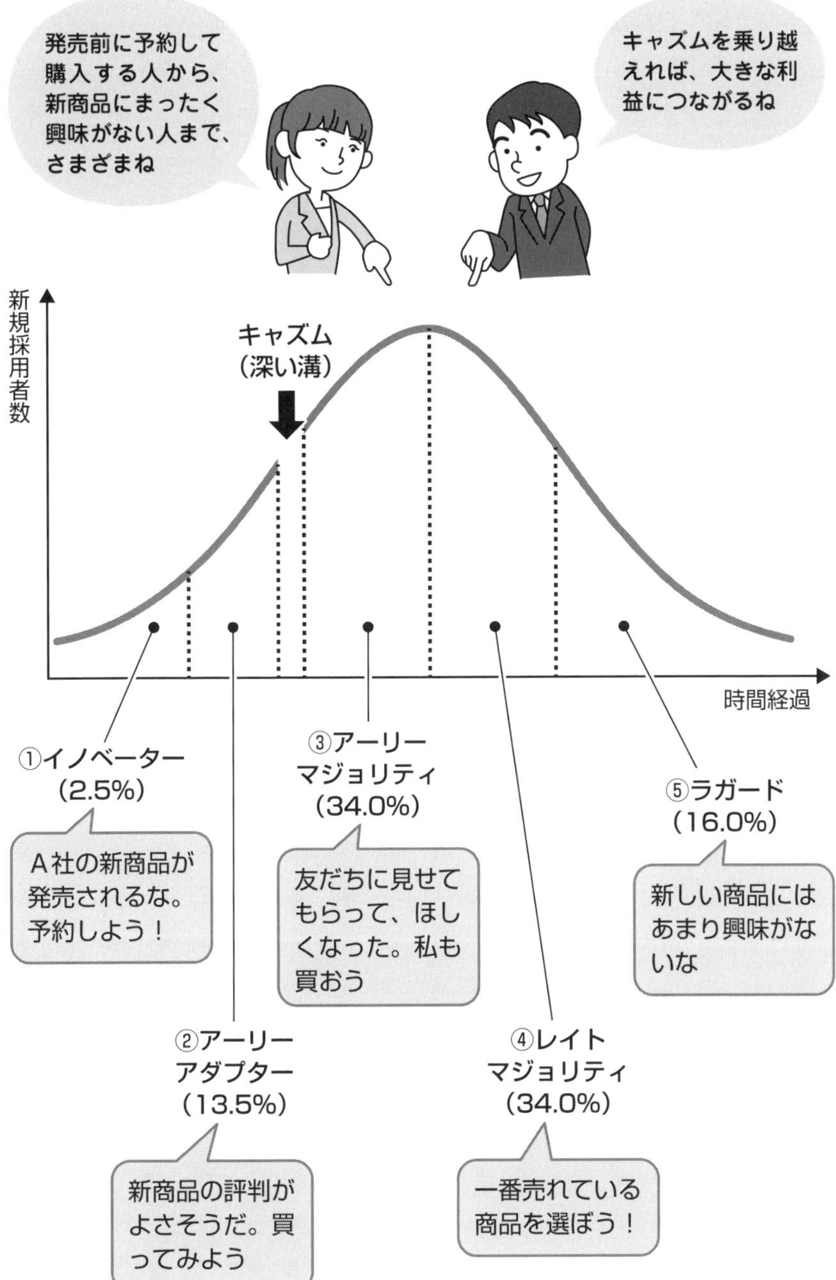
発売前に予約して購入する人から、新商品にまったく興味がない人まで、さまざまね
キャズムを乗り越えれば、大きな利益につながるね
新規採用者数
キャズム（深い溝）
時間経過
①イノベーター（2.5%）
A社の新商品が発売されるな。予約しよう！
②アーリーアダプター（13.5%）
新商品の評判がよさそうだ。買ってみよう
③アーリーマジョリティ（34.0%）
友だちに見せてもらって、ほしくなった。私も買おう
④レイトマジョリティ（34.0%）
一番売れている商品を選ぼう！
⑤ラガード（16.0%）
新しい商品にはあまり興味がないな

68 ＳＴＰ
～標的市場を定めて他社との差別化を図る～

ＳＴＰとは

「ＳＴＰ」は、**セグメンテーション（Segmentation）、ターゲティング（Targeting）、ポジショニング（Positioning）の頭文字**です。市場を細かく分けて、標的市場を定めて、他社と差別化を図る**マーケティング方法**です。商品開発、販売促進など、さまざまな場面で必要になる考え方です。

「誰にでも」では顧客に響かない

「セグメンテーション」は、市場を細かく分けることです。「法人客と個人客に分ける」「男性客と女性客に分ける」のような形です。年齢、性別、地域、職業、ライフスタイル等さまざまな軸で、市場を細分化します。

「ターゲティング」は、標的市場を決めることです。セグメンテーションで分割された市場のどこを狙うか、明確にします。「男性客をターゲットにしよう」「学生をターゲットにしよう」のような、シンプルなターゲットもあれば、「市内にある法人客をターゲットにしよう」「食にこだわりを持つ30歳以上の女性をターゲットにしよう」のように、より細かくターゲットを絞ることもあります。

「ポジショニング」は、競争環境のなかで位置づけ（ポジション）を明確にすることです。ターゲットにしたお客様から見て、自社の商品・サービスをどのように認知してもらうかを整理します。「ヘルシーで飲みやすい飲料」とか「少し高級で居心地のいいカフェ」のような形です。

「誰にでもお勧めできる商品です」といわれても、あまり魅力的には感じられません。ＳＴＰでターゲットを絞り、ポジショニングを明確にすれば、顧客からの支持獲得につながります。

◎ＳＴＰの活用例◎

S

セグメンテーション
（Segmentation）

市場を分ける

		性別	
		男性	女性
年齢	20歳未満		
	20歳～40歳未満		
	40歳～60歳未満		
	60歳以上		

T

ターゲティング
（Targeting）

標的を決める

		性別	
		男性	女性
年齢	20歳未満		
	20歳～40歳未満		
	40歳～60歳未満		
	60歳以上		

P

ポジショニング
（Positioning）

位置づけを明確にする

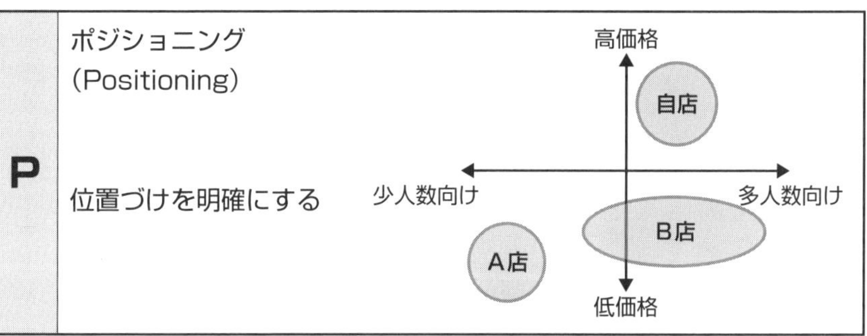

広告を見ると、「○○歳を過ぎたあなたに」などとターゲットを絞っていることが多いわね

小さな会社でも、地域や年齢でターゲットを絞れば、そのなかでNo.1になれるかもしれないよ

69 AIDMA（アイドマ）
～購買決定プロセスを販売促進に活かす～

AIDMAとは

「AIDMA」は、①**注意（Attention）**、②**関心（Interest）**、③**欲求（Desire）**、④**記憶（Memory）**、⑤**行動（Action）の頭文字**です。消費者の**購買決定プロセスをモデル化**したもので、販売促進策を検討するときに役立ちます。

AIDMAでは、消費者が商品を購入するときは、①まず商品に気づき、②興味・関心を持ち、③ほしいと思い、④その商品を記憶し、⑤購入する、という流れをとります。ストーリー形式でイメージしてみましょう。

AIDMAのイメージ（ストーリー）

ある日、Aさんが何気なく家電量販店に行くと、自分が使っているイヤホンの新しいモデルが出ているのに気づきました（A：注意）。Aさんは売り場に近づき、商品を手に取ってみました。どうやら新しい機能が多数ついているようです（I：関心）。買い換えたら便利になりそうなので、Aさんはほしくなり、値段等を確認しました（D：欲求）。家に帰ってから、ふとその商品のことを思い出し、一層ほしくなりました（M：記憶）。Aさんは、売り切れる前に商品を購入に行きました（A：行動）。

AIDMAを販売促進に活かす

AIDMAの考え方は、販売促進に役立ちます。たとえば、新商品は認知度が低いため、「注意」の喚起が必要です。顧客に知ってもらうためのプロモーションに力を入れます。

商品に「関心」を持ってもらいたい場合は、チラシやパンフレットで情報提供を行なうことが考えられます。購入「欲求」を高めてもらうためには、お試しや無料サンプルの提供等が考えられます。

AIDMAの段階に合わせて、販売促進策を検討していきましょう。

◎AIDMAの各段階はどうなっている？◎

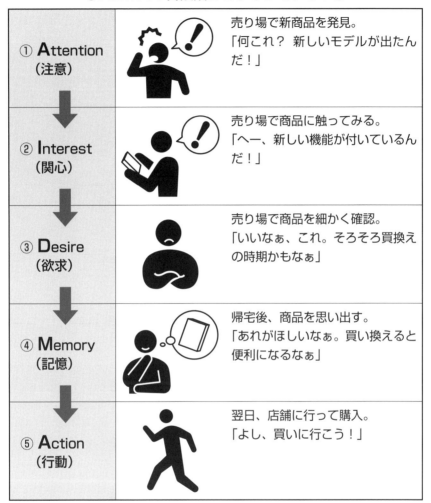

① Attention（注意）	 売り場で新商品を発見。 「何これ？ 新しいモデルが出たんだ！」
② Interest（関心）	 売り場で商品に触ってみる。 「へー、新しい機能が付いているんだ！」
③ Desire（欲求）	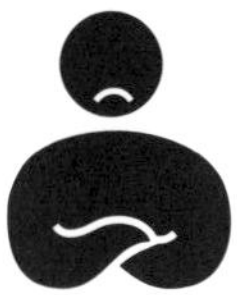 売り場で商品を細かく確認。 「いいなぁ、これ。そろそろ買換えの時期かもなぁ」
④ Memory（記憶）	 帰宅後、商品を思い出す。 「あれがほしいなぁ。買い換えると便利になるなぁ」
⑤ Action（行動）	 翌日、店舗に行って購入。 「よし、買いに行こう！」

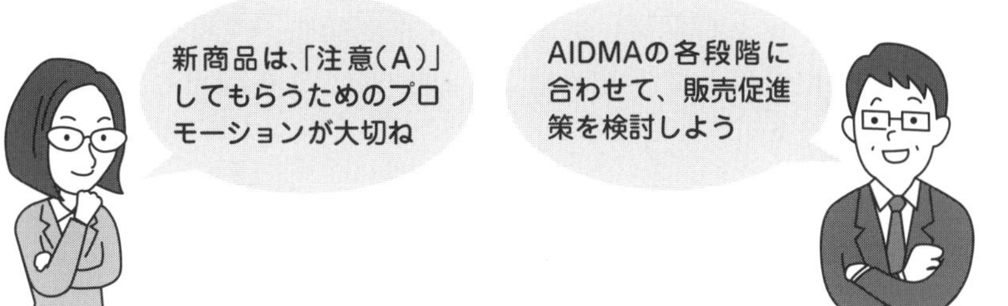

新商品は、「注意(A)」してもらうためのプロモーションが大切ね

AIDMAの各段階に合わせて、販売促進策を検討しよう

70 AISAS（アイサス）～インターネット時代の購買プロセス～

AISASとは

「AISAS」は、①**注意（Attention）**、②**関心（Interest）**、③**検索（Search）**、④**行動（Action）**、⑤**共有（Share）の頭文字**です。インターネット時代に合わせて、前項のAIDMAを改良したものです。

AIDMAと異なる部分は、関心を持ったら「検索」することと、行動（購入）した後に、ＳＮＳ等で購買行動を「共有」することです。ストーリー形式でイメージしてみましょう。

AISASのイメージ（ストーリー）

家電量販店に行くと、自分が使っているイヤホンの新しいモデルが出ているのに気づいたＡさんは（Ａ：注意）、商品を手に取り、新しい機能に関心を持ちました（Ｉ：関心）。Ａさんは帰宅後、スマートフォンで商品情報を検索し（Ｓ：検索）、レビュー記事や実売価格を確認しました。どうやら今日行った店が一番安そうです。そこで翌日、Ａさんは商品を購入し（Ａ：行動）、写真を撮ってＳＮＳに投稿し、友達に知らせました（Ｓ：共有）。

消費者の購買行動の変化

インターネットの普及により、消費者の購買行動は変化しています。企業は、消費者の「検索」によって上位に表示されるように対策し、そこから「行動」につながるように、魅力的な情報をＷｅｂ上に掲載します。

インターネット時代は「共有」も、重要なキーワードです。商品やサービスに満足してもらえれば、**よい口コミが広がり、購買促進につながります**。

でも、商品・サービスへの不満が大きければ、逆に悪い口コミが広がる可能性もあります。

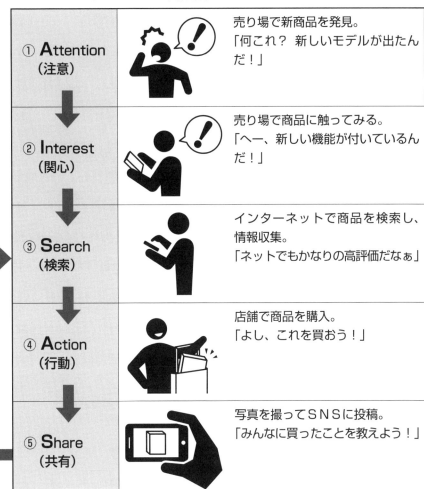

◎AISASの各段階はどうなっている？◎

① Attention（注意）	 売り場で新商品を発見。 「何これ？ 新しいモデルが出たんだ！」
② Interest（関心）	 売り場で商品に触ってみる。 「へー、新しい機能が付いているんだ！」
③ Search（検索）	 インターネットで商品を検索し、情報収集。 「ネットでもかなりの高評価だなぁ」
④ Action（行動）	 店舗で商品を購入。 「よし、これを買おう！」
⑤ Share（共有）	 写真を撮ってSNSに投稿。 「みんなに買ったことを教えよう！」

インターネット時代は「検索（S）」と「共有（S）」が大事なキーワードね

「共有（S）」でよい口コミが広がれば、購買しようという人が増えていくよ

コラム

フレームワークのその先に

▶フレームワークはアレンジしてもいいの？

フレームワークに使い慣れてくると、自分なりにアレンジして使うようになったり、新しいフレームワークを生み出したくなったりします。働く環境は、人それぞれ。自分自身に合った形で、フレームワークを応用していくのもよいでしょう。

「守破離（しゅはり）」という言葉があります。物事を学んで、成長していくプロセスを表わした言葉です。もともとは、能や茶道等の伝統芸能の世界で使われていた言葉ですが、ビジネスの世界にも当てはまります。

「守」は、型を守っていたり、基本に忠実に取り組んでいる段階です。本で学んだとおりや、上司や先輩から教わったとおりに行なっている段階です。

基本の形が身についてくると、次は「破」の段階です。「破」は、基本の型から離れて、工夫する段階です。試行錯誤しながら、自分に合わせたスタイルを模索します。

すると、やがて自分に合った新しいスタイルが確立されていきます。これが「離」の段階です。基本の形から離れた、新しい自分の形が出来上がります。

▶先人たちの知恵の塊

注意したいのは、いきなり「破」や「離」に取り組まないことです。まずは、基本を守る「守」の段階です。「守」のなかには、先人たちがつくり上げた知恵があります。

本書で紹介したフレームワークも、先人たちがつくった知恵の塊です。特殊なフレームワークは避けて、できるだけ王道のフレームワークを選んでいます。

まずは基本を学んで、そこから自分なりにアレンジして、新たなフレームワークを生み出していくとよいでしょう。

おわりに

本書をお読みいただき、ありがとうございます。

本書では、70個の「フレームワーク」を取り上げました。奇をてらったものではなく、王道のフレームワークを選んでいます。できるだけ図解を多用し、使い方をイメージできるようにしました。あなたの仕事に少しでもお役に立てれば嬉しいです。

フレームワークは、“便利な道具”です。掃除をするときに掃除機を使えば便利です。洗濯するときには洗濯機を使えば便利です。「汚れた服は手洗いする」という古いやり方では、スピードが求められる現代のビジネスでは生き残れません。その場その場に合った便利な道具であるフレームワークを活用すれば、あなたの仕事の成果は上がるでしょう。

フレームワークを習得するコツは、実際に活用してみることです。「オズボーンのチェックリスト」（74ページ）で新商品のアイデアを考えてみるのもよいでしょう。自分の目標を「ＳＭＡＲＴ」（102ページ）で整理してみるのもよいでしょう。「自分ＳＷＯＴ」（122ページ）で自分の強みを探してみるのもよいでしょう。実際にフレームワークを活用すれば、自然とフレームワークが身につきます。

70個のフレームワークのなかには、比較的容易に活用できるものもあれば、難易度が高いものもあります。あなたがいままで使ったことのあるフレームワークもあれば、初めて見るようなフレームワークもあるでしょう。初めて見たフレームワークは、最初はうまく使いこなせないかもしれません。でも使っているうちに、だんだんとコツを覚え、上達していくはずです。

自分の好きなフレームワークを考えてみるのも、フレームワークの習得に役立ちます。自分にとって使いやすいフレームワーク、自分の仕事と相性がよいフレームワークが見つかれば、きっとフレームワークの活用が楽しくなるでしょう。

著者が好きなフレームワークも紹介しておきましょう。

福島正人が好きなフレームワークは、「As is／To be」（12ページ）、「リフレーミング」（96ページ）、「弁証法」（80ページ）です。「As is／To be」は、コンサルタントとしてお客様の問題解決を図るときや、自分自身のキャリアプランを考えるときなどに活用しています。「リフレーミング」は、逆境やトラブルをもプラスでとらえる魔法の方法です。「弁証法」は、哲学の分野で使われる難しい思考法ですが、二者択一ではない第三の道を生み出す可能性を秘めています。

岩崎彰吾が好きなフレームワークは、「ＭＥＣＥ」（42ページ）、「ＳＷＯＴ分析」（118ページ）、「アンゾフの成長ベクトル」（142ページ）です。「ＭＥＣＥ」は、資料やチャートの構成の検討、インタビューリストの作成、データ分析の切り口などさまざまなシーンで活用しています。「ＳＷＯＴ分析」は、企業の現状分析や戦略の検討をワークショップ形式で行なう際によく使っています。「アンゾフの成長ベクトル」は、新規事業の方向性を助言する際などに利用しています。

最後に、本書の出版にあたり、株式会社アニモ出版 小林良彦様に大変お世話になりました。丁寧な編集で、読みやすい書籍に仕上げていただきました。アニモ出版様とのご縁は、中小企業診断士の六角明雄先生からいただきました。執筆にあたっては、六角明雄先生の書籍も参考にさせていただきました。厚く御礼申し上げます。

コンサルタント仲間からは、フレームワークの選定・解説にたくさんのアドバイスをいただきました。この場を借りて、厚く御礼申し上げます。

著　者

【参考書籍・お勧め書籍】

●『競争の戦略』（マイケル・E.ポーター著／ダイヤモンド社）
●『コトラー＆ケラーのマーケティング・マネジメント』（フィリップ・コトラー、ケビン・レーン・ケラー著／丸善出版）
●『企業戦略論　競争優位の構築と持続（上・中・下）』（ジェイ・B.バーニー著／ダイヤモンド社）
●『戦略立案ハンドブック』(デービッド・A.アーカー著／東洋経済新報社）
●『考える技術・書く技術』（バーバラ・ミント著／ダイヤモンド社）
●『問題解決プロフェッショナル―思考と技術』（齋藤嘉則著／ダイヤモンド社）
●『グロービスＭＢＡ経営戦略』（グロービス経営大学院著／ダイヤモンド社）
●『グロービスＭＢＡマーケティング』（グロービス経営大学院著／ダイヤモンド社）
●『グロービスＭＢＡマネジメント・ブック』（グロービス経営大学院著／ダイヤモンド社）
●『現場改善（経営コンサルティング・ノウハウ６）』（鍜治田良著／中央経済社）
●『図解でわかる 小さな会社の経営戦略 いちばん最初に読む本』（六角明雄著／アニモ出版）
●『使える 弁証法』（田坂広志著／東洋経済新報社）
●『ＯＯＤＡ ＬＯＯＰ（ウーダループ）』（チェット・リチャーズ著／東洋経済新報社）
●『ファシリテーターの道具箱』（森時彦・ファシリテーターの道具研究会著／ダイヤモンド社）

※翻訳者・監修者名は省略しました。

【著者プロフィール】

福島正人（ふくしま　まさと）

合同会社夢をカナエル代表社員、東洋大学大学院講師。1969年生まれ。大学卒業後、都市銀行に入社し、融資審査・取引先営業・金融庁検査プロジェクトチーム等に携わる。2004年に中小企業診断士を取得し独立。2006年に中小企業診断士仲間と合同会社夢をカナエルを設立し代表に就任。プロコンサルタント、セミナー講師として活躍している。2013年の中小企業経営シンポジウムで、中小企業診断士協会会長賞を受賞。日本経済新聞のビジネス書ランキング第４位になった『１か月であなたの人生が変わる！ 究極の質問』（労働調査会）を始め、書籍・専門誌での執筆多数。発行している無料メールマガジン「夢をカナエル！ ビジネスに役立つ52の法則」は、まぐまぐ大賞（ビジネス部門）を受賞している。
著書に、『１か月であなたの人生が変わる！ 究極の質問』『中小企業でもすぐに始められる！ 組織と人材の育ち合いプログラム』（以上、労働調査会）、『新社会人の教科書！ プロリーマンになろう』『診断士ギョーカイ用語辞典150』（以上、同友館）、『診断士教科書 中小企業診断士 人気講師が教える受かる！ 勉強法』（翔泳社）があるほか、『海外絵本 大人になるまえに知っておきたいお金のこと』（ひさかたチャイルド）の監修、「会計事務所経営支援セミナーＤＶＤ 元銀行マンが教える！ 税理士のための顧問先への銀行取引指導のポイント」（第一法規）がある。

＜関連サイト＞

- 合同会社夢をカナエル
  http://yume.main.jp
- 夢をカナエル！ セレンディピティBLOG（個人ブログ）
  http://kenta1969.cocolog-nifty.com
- 無料メールマガジン「夢をカナエル！ ビジネスに役立つ52の法則」
  https://www.mag2.com/m/0000179632.html
- ツイッター
  https://twitter.com/yumemax

岩崎彰吾（いわさき　しょうご）

株式会社コンサルティングオフィス岩崎 代表取締役。中小企業診断士、ＩＴコーディネーター。1970年生まれ。大学卒業後、中堅ＩＴベンダーに入社し、法人営業・販促・製品開発・コンサルティング等の業務に従事。2012年に中小企業診断士を取得し、2014年に独立。2017年に株式会社コンサルティングオフィス岩崎を設立。現在は、経営コンサルティング、ＩＴコンサルティング、公的支援機関での業務で年間80社程度の経営支援・経営相談を行なうかたわら、研修・セミナー講師を務めるなど幅広い業務で活躍している。

図解でわかるビジネスフレームワーク いちばん最初に読む本

2020年 6 月15日　初版発行

著　者　福島正人・岩崎彰吾
発行者　吉溪慎太郎
発行所　株式会社**アニモ出版**
〒 162-0832 東京都新宿区岩戸町 12 レベッカビル
TEL 03(5206)8505　FAX 03(6265)0130
http://www.animo-pub.co.jp/

ISBN978-4-89795-238-3
印刷：文昇堂／製本：誠製本　Printed in Japan

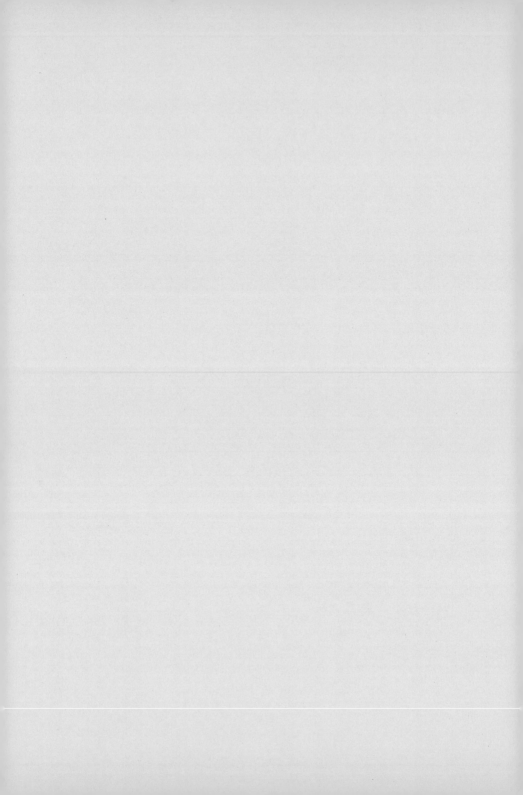

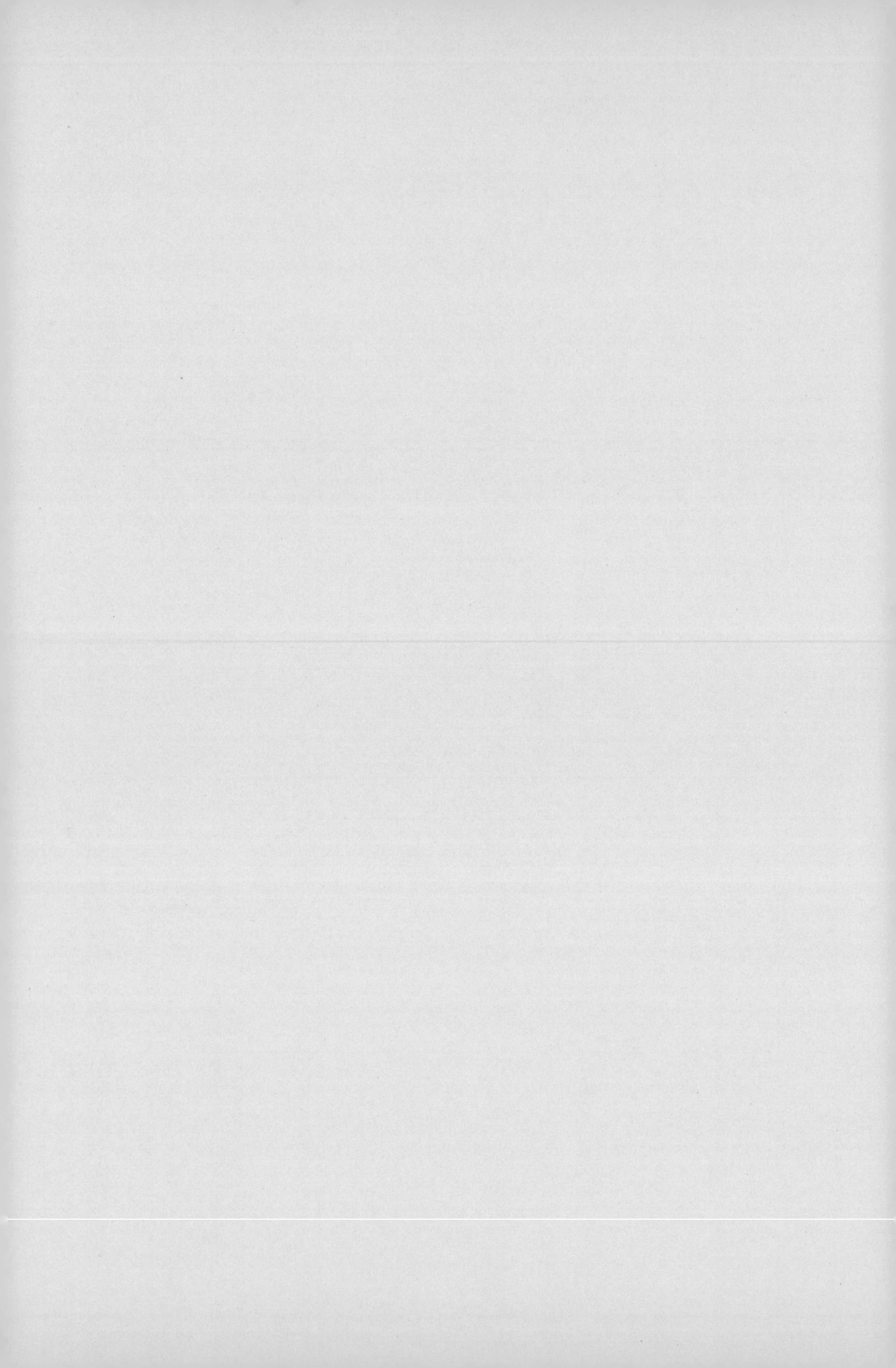